日语教学的模式分析与跨文化视角解读

陈为民　著

全国百佳图书出版单位 吉林出版集团股份有限公司

图书在版编目（CIP）数据

日语教学的模式分析与跨文化视角解读／陈为民著
. -- 长春：吉林出版集团股份有限公司，2022.11（2023.9 重印）
ISBN 978-7-5581-8094-1

Ⅰ.①日… Ⅱ.①陈… Ⅲ.①日语-教学研究 Ⅳ.
①H369.3

中国版本图书馆 CIP 数据核字（2022）第 207456 号

RIYU JIAOXUE DE MOSHI FENXI YU KUA WENHUA SHIJIAO JIEDU

日语教学的模式分析与跨文化视角解读

著：陈为民

责任编辑：朱 玲

封面设计：雅硕图文

开　　本：720mm×1000mm　1/16

字　　数：210 千字

印　　张：11.5

版　　次：2022 年 11 月第 1 版

印　　次：2023 年 9 月第 2 次印刷

出　　版：吉林出版集团股份有限公司

发　　行：吉林出版集团外语教育有限公司

地　　址：长春市福祉大路 5788 号龙腾国际大厦 B 座 7 层

电　　话：总编办：0431-81629929

印　　刷：涿州汇美亿浓印刷有限公司

ISBN 978-7-5581-8094-1　　定　价：63.00 元

前言

随着改革开放进程的不断加快，中国的综合国力显著增强。中国与世界各国的联系也越来越频繁。中国与日本是一衣带水的邻邦，在漫长的交往历史中，中国与日本在经济合作、文化交流、贸易往来等方面相互借鉴，不仅促进了日本的发展，也促进了中国的繁荣。众所周知，中日两国的交流与合作，离不开语言这一交际工具。日语作为中日两国跨文化交际的语言工具，在中日跨文化交流与合作中起着重要的作用。如今，中日两国各领域合作、交流已进入常态化，日资企业也大量涌入中国。因此日语人才的需求也更加强烈。优秀的日语人才是中日友好往来的前提，也是中日跨文化交际的保障。我国也意识到日语人才培养的重要性，在学校增设了日语专业，对日语教学也给予高度重视。

教学模式是日语教学的主要影响因素之一。教学模式主要强调的是以教学理论为基础，建立起来的较为稳定的教学活动程序。随着教育改革的不断推进以及日语人才培养的高素质要求，传统的教学模式已经不能适应当今时代的发展，也不能满足目前教育改革的需要。因此，分析和探索一些行之有效的日语教学模式，是当前教育界亟待解决的问题。

除了日语教学模式以外，跨文化因素也是影响日语教学的重要因素之一。语言与文化之间存在着紧密的联系。日语也不例外。随着文化多元化的发展，世界各国的文化不断碰撞与融合，跨文化活动也日益显著。日语承载着文化的最新动态，只有在跨文化活动中，才能成为有意义的符号系统。如果中日交际双方不了解对方的文化，就不可能实现有效的跨文化交际。因此，从跨文化视角解读日语教学，是日语教学的重要发展方向，也是促进日语教学适应当今时代的重要举措。可以说，跨文化与日语教学的有效融合，有利于学习者更深入地理解日语背后的文化，掌握从跨文化视角思考日语应用的方法，有利于提高学习者的跨文化交际能力。鉴于日语教学模式的重要性以及跨文化视角研究的必要性，笔者在总结前人研究成果及个人多年教学经验的基础上，系统梳理了日语教学模式以及跨文化的相关知识，并编纂了此书，以期能够为日语教学模式与跨文化研究提供有益借鉴。

本书共分八章。第一章主要从日语课程认知入手，分析了日语教学的概念、任务、目标，介绍了日语教学的重要原则和理论基础，为日语教学的相关研究提供了理论指导。第二章到第五章主要从日语多模态教学模式、日语生态化教学模式、日语混合式教学模式、日语翻转课堂教学模式多个视角对日语教学模式进行了系统论述，并针对不同的教学模式提出了构建策略，为日语教学模式研究拓宽了思路。第六章到七章主要从跨文化视角分析了日语教学中文化导入的紧迫性、误区以及语境构建、课堂教学策略，同时还从听、说、读、写、译五个方面探索了日语教学的发展。第八章主要探讨了跨文化视角下学生能力培养与教师发展，为日语教学的跨文化视角研究提供了保障。

在写作过程中，笔者查阅了很多国内外相关资料，吸收了很多与日语教学研究相关的研究成果，借鉴了大量学者的观点，在此表示诚挚的感谢！由于日语教学的发展性和创新性，再加上笔者能力有限，书中难免存在不足之处，请广大同行、读者批评指正。

目录

第一章　日语教学概述

随着经济全球化的发展，改革开放的中国与一衣带水的经济大国日本，无论是在文化交流，还是在经济交往中，联系都十分密切。与此同时，我国对日语人才的需求逐渐扩大，日语教学变得重要起来。

第一节　日语课程认知

一、课程的本质

课程是教学的一部分，它的出现可以追溯到我国古代。当前，在实际教学中，课程一词出现较为频繁。然而处于不同时期，不同社会的人由于实践与理论经验不一，所处地位不同，对课程的认知也不一样。不同的人在探索课程本质时所关注的角度也有所不同，部分人从课程的过程入手展开研究，在他们看来，课程无非就是功课的顺序与进程，部分人更加重视课程的结果，认为学生在学校中所参与的所有活动都属于课程，部分人从计划层次上入手研究课程，还有部分人基于课程实施水平研究课程。正是这些关于课程概念的不同理解，使得人们在研究课程的过程中屡屡碰壁，因此，要想系统地研究课程，首先要对课程概念有明确的认识。

基于广泛意义的角度来看，学生在学校里所获取的经验就是课程。为了实现教学目的而进行的学科设置和教学活动以及辅助教学的课外活动等都属于课程，另外，能够对学生产生影响的学校氛围也可以纳入课程的范畴。换句话来讲，除了教学开展的正式课程之外，校园文化和课外活动等也属于课程。狭义上来讲，各个学校为了满足社会发展对人才的需求所开设的学科以及其内容、活动、目的、范围、进程等的总和就是课程，在教科书和课程计划中都体现了课程。从当前的教育教学发展形势来看，无论是教学理论及方法，还是教育技术，都在课程中有所体现。也就是说，在教学中，课程的设置需要遵循恰当的理论基础，一般地，课程规划会与理论指导相匹配，同时教学方法与技术又会与课程规划相吻合。只有全面理解广义与狭义上的课程概念，才能真正认识课程。了解课程概念仅仅只是认识课程本质的基础。伴随着人类的生活及生产活动，社会不断进步，在某一特定阶段，基于知识体系与价值体系的相互作用，课程便产生了。课程决策者影响着课程的发展，无论是课程内容，还是课程实施，又或者课程管理与评价，都受决策者的影响，与此同时，课程的客观基础又足够扎实，不会轻易动摇，因此，课程也不会轻易变化。以下将对课程的本质展开描述。

第一，从侧面来看，课程体现了国家对于人才的要求。作为教书育人的场所，学校存在于社会之中，是构成社会的一部分，和社会密切相关。社会不仅为学校实施教学活动奠定了物质及精神基础，而且还为学校实施教育教学活动指明了方向，作为社会的一分子，学校同样需要为社会的发展做贡献，服务于社会。而作为构成学校教育的关键要素——课程，也需要满足社会的需求，并体现在方方面面上。一般而言，课程教学内容的制定需要与社会需要相符，社会的政治、经济以及学校的办学宗旨共同决定着课程的实质内容。

第二，基于人类生活生产活动的实施以及科学技术的进步，才产生了课程。纵观课程内容，其不仅反映了人类在社会发展中的理论与实践经验，同时还彰显了科技文化的进步。目前，伴随着时代的发展，科学技术已经应用于社会的各个领域，尤其是进入信息化社会之后，科学技术在推动社会发展方面发挥着更大的作用。同时，现代化信息技术也引入教学，对课程产生了深刻的影响。

第三，课程实际上是学生基于自我定位的自主选择。课程一方面需要与社会需求相符，另一方面也要与学生自身的发展相符。为社会发展培养所需要的人才是学校的根本任务，甚至可以说，推动学生身心发展就是课程的最大意义。因此，学校应该依据学生的身心情况来设置课程，选择与学生身心发展相符的教学科目，组织能够促进学生身心发展的课程内容。可见，现代学校课程要求学生发挥自主性，不能做知识的被动接受者，要积极主动地去构建知识体系。为了满足学生的个人实际需求，作为课程的编制者，应该在考虑学校经济实力以及教师能力等外部因素的基础上尊重学生的发展，赋予学生学习的主动权，激发学生学习的兴趣，提高学生的知识技能，进而实现学生的自由发展。当前，课程的本质主要体现在以上三个方面。

世界各国由于课程行政主体不同，而使得课程行政体制产生了差别。接下来对一些西方国家的课程行政体制展开讲解。法国作为西方发达国家，课程行政主体是中央政府，其以指令性文件为准，制定全国性的基础教育课程，这一课程又被叫作"国家本位课程"；"地方本位课程"顾名思义，就是由地方按照一定的规则所设置的课程，美国实行分权管理体制，即使是同一个洲，课程设置也并不一定相同，就连社区都有自行设置课程的权利，如此，便形成了"地方本位课程"。

由于各个国家政治、经济、文化等的不同，使得课程设置主体朝多元化方向发展，尤其是信息化时代到来之后，这种形势日益显著。不同的课程行政主体分别作用于不同国家的课程设置，共同影响着当前课程设置的发展。当前，我国教育部规定着课程设置的方向。经验表明，实施统一课程设置有利于宏观调控教育教学质量，同时确保教学活动的顺利进行。然而，基于集权控制所设置的课程模式也存在着各种各样的弊端，在实践中，弊端逐渐暴露，尤其是进入 20 世纪 80 年代之后，这种课程模式越发阻碍学生的个性发展，同时也极大地降低了学校改革课程的积极性。步入 21 世纪之后，科学技术发展迅猛，计算机、网络等各种信息技术运用到教学中，这极大地冲击了传统的教学观念，同时也扭转了单一的教学局面，为教育的多元化发展奠定了技术基础。

二、日语课程的基本结构

在实际教学中，构成课程的各部分结构能否配合得当至关重要。当前，划分课程的标准有很多，通常情况下，采用任一种标准都可以将全部课程容纳进去，较为常见的课程划分形式有"学科课程+活动课程""分科课程+综合课程""必修课+选修课"，无一例外，它们都很好地概括了全部的课程。

分析"必修课+选修课"的课程模式，必修课，恰如其名，是指全体学生必须攻读的课程，它既可以由国家和地方制定，也可以由学校自行设置。而选修课则并不具备强制性，其是为了满足学生兴趣以及实际需要所设置的，可供学生自由选择。一般地，构成选修课的内容丰富，主要包括知识、技艺、职业技术等方面。另外，可以根据选课的自由程度将选修的方式分为两种，其中之一是学校先为学生划定选修范围，将选修课分组，之后由学生根据范围进行课程选择，另外一种选修方式自由度较高，学生甚至可以跨年级自由选课。在我国，选修课的开设数量遵循逐级减少原则，在适度的基础上，年级越高选修课越多。

"学科课程+活动课程"也是当前较为常见的课程开设模式。兴趣小组、课外辅导、班团活动等都属于活动课的范畴，作为增强学生知识技能的渠道之一，活动课的实施不仅能够调动学生学习的积极主动性，培养学生学习的兴趣，同时还能够增强学生的创新创造能力。当前，人们对精神生活的要求越来越高，这使得活动课在教学中占据着越来越重要的地位。在课程结构中，社会活动课已经成为不可缺少的组成部分，它为学生了解社会提供了机会，对于增强学生实践能力具有重要意义。

当前，在课程教学中，无论是基于内容，还是时间，都应该将必修课当作课程的教学重点，虽然基础知识的学习十分重要，但学生不能只学习基础知识，还要拓宽知识面，此时就需要选修课和活动课的帮助了。

伴随着社会对于应用型人才需求的加大，教育部开始意识到课程改革的重要性了。其从课时入手，为了不增加学生的学习负担，其在增加实践教学课时的同时缩减了课堂教学时间。基于课时的课程改革，阻碍了高校日语专业课程的改革，课程设置一方面要确保教学顺利实施，另一方面，还要培养出社会发展所需的日语人才。要想突破日语课程改革的瓶颈，就应该关注以下问题：(1) 如何划分学科比例，知识类、技能类、素养类学科分别应该占据多少；(2) 如何维持必修课、选修课、活动课以及社会实践活动之间的关系；(3) 如何对日语专业课程进行分类。

三、设置日语课程所需要遵循的原则

(一) 加强人文精神与科学精神

人文主义课程或者课程中的人文主义主张：在课程的目的上，重视人，崇尚个性；关于课程内容方面，则要求范围广泛；从实施课程的角度来看，则需要尊重学生的发展。换句话来讲，所谓的人文主义就是要求课程要能够促进学生全面而自由的发展。科学主义同样对课程有所要求：首先，课程应该关注科学本身，发挥科学的力量，其次，在课程内容中增加科学研究成果，推崇科学，提高学科知识课程的教育教学地位，最后，在实施课程教学时，选择科学的方法，以获得良好的学习成果。

当前，为了促进教学发展，就必须进行课程改革，课程改革的重点并不是改善传统课程教学的弊端，而是在协调人文精神与科学精神关系的基础上，推动两者建设。基于此，我国在设置日语课程时，不仅要关注专业知识的科学选择与传授，以确保科学精神的培养，同时还要加强人文精神，培养学生的人文素养。

(二) 统一知识和能力

设置日语课程所需要遵循的原则之一就是做到知识与能力的统一。两者之间联系密切，学生只有不断丰富日语知识，才能提升自身日语能力，同样地，学生只有具备一定的能力，才能学习更多的日语知识，同时，两者又是相互独立的，从本质上来看，知识可以简单概括为概念与理论系统，而能力则属于心理机制，可见，两者是相互区别的，不断积累知识并不一定能够提升能力，能力的形成遵循着一定的规律，并非仅仅与知识积累相关。基于此，在日语课程设置时，不仅要确保所选择的知识具有高智力价值，同时还要选择恰当的教学方式，只有如此，才能使学生在获得日语知识的基础上提升日语能力。从智力发展的角度来看，无论是内部动作，还是外部动作，都具有重要意义。虽然日语课程中蕴含着丰富的日语理论、概念、规则等，但这并不意味着日语课程就是理论知识的集合体，其应该运用恰当的方式引导学生学习日语，激发学生学习日语的积极性，进而提高他们的日语能力。

（三）分科与综合相结合

纵观我国课程设置的历史，基于不同的历史时期，我国课程的分科和综合有不同的意义。显然，在我国古代，以综合性课程为主，步入近现代以来，课程设置有所转变，开始重视分科，目前，伴随着时代的发展，课程朝向综合化方向发展，将分科与综合相结合，选择分科还是综合在很大程度上受到课程目标、课程内容的影响。分科课程弱化了课程之间的联系，突出强调了课程的独立性，综合课程则强化了课程之间的关系，从整体出发，帮助学生认识各学科，掌握课程知识。事实上，课程之间既相对独立又绝对联系，无论是分科课程，还是综合课程，都具有独立价值，分科与综合相结合才是当下日语课程设置应该遵循的重要原则。基于此，在改革日语课程时，要大力增强课程综合化，切实遵循分科与综合相结合的原则。

第二节　日语教学的概念、任务与目标

一、日语教学的概念

日语教学，顾名思义就是教日语的人与学日语的人共同进行的教与学的活动。所谓教日语的人指在学校从事日语教学工作的教师，学日语的人指在学校学习日语的学生，而日语教学也主要指在学校或相关范围内开展的有组织、有计划的日语教学活动。给日语教学下这样的定义，是因为任何学科都需要通过概念来揭示其本质和规律。定义可以用比较简短的语言把概念的内涵和外延表达出来，便于区分不同的事物。比如外语，虽然英语、俄语、德语、法语、西班牙语等都可以归结为外语，但不同语种的教学有不同的特点，其内涵和外延也不一样。教学有广义的教学、狭义的教学、抽象的教学、具体的教学，这些都已经有人论述过了。

日语教学与很多学科一样，长期以来注重教师的"教"而忽视学生的"学"这种倾向已经受到严厉的批评。尤其是 21 世纪以来，课程改革理念更新，有些论述强调"以学生为中心"把以往的教学论称为"教论"，要将教学论改为"学论"，"教案"改为"学案"，人们不赞同这种从一个极端走向另一个极端的观点。做出上述定义，就是要表明，日语教学不能割裂教和学，教和学是矛盾的，但又是统一的。在日语教学活动中，教和学各自具有不同的活动，不能互相代替。但在教学这个特定的范围和环境中，教和学又是不能分离的。日语教学也不是教日语和学日语的简单相加，而是辩证统一的两个侧面。尽管学生在课堂上自习或回家做作业时，教师不在；教师备课、批改作业时，学生不在。但这并不是教与学的分离，而是在进行各自独立的、不能相互替代的活动。

二、日语教学的任务

日语教学的一般任务和特殊任务日语教学的任务是什么？这是日语教学论需要回答的首要问题。多年来，日语教学长期存在偏重传授知识技能，忽视能力和个性培养等问题，结果造成日语教学工作的片面性、盲目性，教学质量不能稳步提高。

日语教学的一般任务是各教育学段、各学科共同的发展趋势、努力方向及统一的基本任务：面向全体学生，贯彻德智体全面发展的教育方针，实施以思想道德教育为核心的素质教育，培养社会主义接班人。

日语教学的特殊任务主要是使学生掌握日语学科在各个学段需要掌握的、其他学科无法替代的知识、技能及与之相关的各种能力。一般任务与特殊任务的关系是，一般指导特殊，特殊体现一般。一般任务的制定和特殊任务的制定都是重要的，轻视任何一个方面都是错误的和有害的。

三、日语教学的目标

（一）培养日语语言知识能力的目标

作为一个整体系统，构成语言的结构主要可以分为三类，分别为语音、词汇和语法。这是语言结构的三要素，共同作用于日语知识教学。

1. 语音能力培养目标

天赋与后天努力在日语语音能力培养中同样重要，作为日语语言知识能力之一，日语语音能力内容丰富，可以划分为多种能力。比如，日语辨音能力、日语发音能力、再现日语语调的能力、控音能力等。

2. 词汇能力培养目标

为了培养学生的日语词汇能力，可以在以下几个方面努力：（1）增强学生对词汇的形象记忆力；（2）增强学生辨认日语词汇的能力；（3）增强辨别词义的能力（4）联系上下文，迅速理解日语词汇的真实意义；（5）学会运用日语词汇来准确表达自己的思想；（6）迅速判断出日语词汇的含义。

3. 语法规则能力培养目标

日语语法规则能力培养目标可以划分为几个小目标：（1）能够对日语词类和句子成分进行分辨；（2）能够独立判断日语词汇结构以及句子的语法特点；（3）依据语法规则掌握连词成句的能力；（4）具备概括语法特点的能力；（5）掌握概括语体词汇的技能；（6）正确掌握词的一致性关系的能力。

（二）培养日语策略学习能力的目标

所谓的学习策略，顾名思义，就是指学习者以获得知识和技能为目的所采用的方式和手段。一般地，人们往往从认知策略、交际策略、资源策略、调控策略四个方面入手来调整学习策略。学习策略是影响日语能力发展的一个因素，学生的日语能力往往在学习实践活动中有所体现，因此，选择恰当的学习策略对于提升学生日语能力来讲至关重要。

在日语学习中，影响自我效能感的因素有很多，包括认知学习策略、自我调整学习策略等，显然，这些都隶属于学习策略，日语学习者的自我调整策略不仅有利于学生有效调整自我状态，同时还能够提升学习成就。正如我们所知，在日语学习中，学习者总会遇到这样那样的困难，这通常被当作学习的暂时性失败，而此时要想克服困难，继续学习，学习者就应该及时进行自我调整，转变学习策略。

纵观日语学习活动，构成策略学习的能力丰富多样，其中包括但不限于：有效理解知识和概念的能力；监控自我学习的能力；选择有效感知、记忆、联想等方法的能力；调节学习中自我生理与心理机能的能力；管理自我学习的能力；选择合理预习、复习策略的能力；正确评价自我学习的能力；选择既适合自我个性心理特征又可以有效促进交际的行为方式的能力；主动探索符合日语学习规律的学习技巧的能力；在团队学习中发现及借鉴他人学习方法的能力。

从本质上看，当前培养日语策略学习能力就是为了帮助学生掌握日语学习方法，同时提升学生日语水平。

（三）培养日语跨文化能力的目标

伴随着全球化趋势的到来，跨文化学习越来越普遍，当前，人们将跨文化接触、跨文化理解、跨文化交际统称为跨文化学习。个体以本国文化为基础，接触他国文化，并再现跨文化的过程就是跨文化接触。所谓的跨文化理解，顾名思义，就是学习者客观且辩证地理解日本文化，包括日本文化的基本思想观念与内涵等，跨文化理解会受到学习者自身价值观以及思维等的影响。而跨文化交际则主要指跨文化知识的具体应用，学习日语知识的目的是应用，学习者与日本人友好交际的过程就是跨文化交际，在掌握日本文化知识的基础上，学习者更容易与日本人展开交流。

从日语教学来看，培养跨文化能力的关键在于培养跨文化理解和跨文化交际能力。情感控制能力、有效的交际能力、自我认识能力、意志决断能力、批判性思考能力、人际关系能力、心理调节能力、创造性思考能力、共鸣能力、问题解决能力等都属于日语跨文化能力。

情感控制能力作为日语跨文化能力的主要内容之一，指学习者对自身情感的掌控能力；有效的交际能力则主要指表达自我的能力，包括语言表达和非语言表达；自我认识能力，顾名思义，就是指对自我的认知能力；意志决断能力则指学习者在明确自己思想的基础上确定目标方向；批判性思考能力就是指学习者站在客观的立场上，分析所获得信息的能力；人际关系能力则是指与他人保持良好关系的能力；心理调节能力则是指学习者自我调节心理情绪的能力；创造性思考能力则是指学习者自身的创造能力；共鸣能力是指学习者在共鸣他人情感、观点、心情的同时坚持自己立场的能力；问题解决能力，主要是指发现问题、解决问题的能力。由此可见，当前在日语教学中，跨文化交际能力的培养目标就是增强学习者跨文化理解能力与跨文化交际能力，同时帮助学习者掌握恰当的跨文化学习策略。

第三节　日语教学的重要原则

一、阶段侧重原则

目前，在日语教学中，需要遵循的原则众多，阶段侧重原则正是其中之一。

作为语言活动的形式，听、说、读、写、译在日语学习中起着不同的作用，听、读、译的主要作用是吸收并理解语言，说和写则是用来表达语言的主要活动形式。语言交际形式可以分为口头交际与书面交际，显然，听、说属于口头交际，书面语交际则包括读、写、译。只有在理解并吸收语言的基础上，才能合理应用表达语言。对于日语教学来讲，无论是理解与表达的关系，还是吸收与运用的关系，都应该正确处理。

在日语教学中，要想锻炼学习者说日语的能力，可以从"听"入手，学习者在听日语的过程中，通过模仿日语发音、语调等来培养说的能力。增强学习者日语写作能力，可以通过阅读、翻译日语文章增强自身遣词造句的能力。可见，听、说、读、写、译虽然是学习日语的五种能力，但它们之间相辅相成，联系密切，听、说能够促进读、写、译的发展，反过来，读、写、译也能够推动听、说能力的发展。

一直以来，听、说、读、写、译五种能力的教学顺序都存在着争议。在当前的日语教学中，最常用的教学顺序就是从听、说入手，逐步过渡到读、写、译，这与日语教学规律相符。

（1）从本质上看，语言就是口语，因此，口语教学是语言教学的重点。

（2）运用口语展开日语教学不仅有利于学习者灵活学习语音、语调，还有助于学习者与日本人进行友好交流。

（3）听、说能力的增强为日语阅读能力的提高奠定了基础。

（4）一般地，日语口语通常与现实生活相联系，结构简单，词汇实用，有利于学生记忆。

（5）日语口语练习更为方便，有利于增强学习者的学习兴趣。

总而言之，在实际的日语教学中，通常将口语教学放在最初阶段。伴随着学习者对日语认识程度的加深以及日语知识的丰富，日语教学开始逐步深入，读、写、译等教学方式开始融入教学，这与日语教学循序渐进的原则相符。

在日语教学中，往往根据教学对象来明确教学目的，进而根据教学目的来制定教学内容与要求。对于日语教学来讲，听、说、读、写、译五种日语能力同样重要，但是在不同的教学阶段，应当侧重于不同的能力教学。一般地，将日语教学分为初级阶段、中级阶段和高级阶段三个时期，初级阶段，学习者刚刚开始大量接触日语，此时应该以口语教学为主，学习基础日语知识，锻炼口语交际能力，为接下来的读、写训练奠定基础。作为日语教学的过渡阶段，学习者在中级阶段要一边增强个人听、说能力，一边大力练习语法，扩充日语词汇，为增强日语阅读能力奠定基础。学习者进入高级阶段之后，要在全面发展听、说、读、写、译的基础上重点培养读、写、译能力。可见，不同阶段，教学的侧重点不同。

言而总之，人们要想掌握社会文化知识，就应该学习丰富的语言知识，同时，培养跨文化交际能力的必要前提就是掌握日语听、说、读、写、译技能，在培养五大语言技能的过程中融会贯通日语知识与交际文化，进而推动学生跨文化交际能力的提高。

二、调动学生学习积极性

在实际日语教学中，教师往往发挥着主导作用，一旦失去教师，学生将无法掌握日语文化知识及技能，同时也无法将知识与技能应用于实践中。无论是教学任务的完成情况，还是教学效果的优劣，都受到教师教学的极大影响，甚至可以说教师肩负着教学的主要责任。在教学中，教师应该重视学生的主体性，发挥引导作用，引导学生主动参与学习，激发学生学习动机，促使其积极探索日语知识，这对于发展学生智力，培养学生日语能力具有积极意义。

学生主动参与日语学习活动的内在原因就是学习动机，其为学生学习日语提供了强大的精神支持。学习兴趣、学习需要等都是构成学习动机的主要心理因素。学生在参与学习活动时，不仅要有一定的日语学习需求，同时还要具备恰当的学习目标，以满足学习需求，一般情况下，学习目标决定着学习的方向，因此又被称为学习的诱因，学习需要与目标共同组成了学习动机。

为了调动学生学习日语的积极性，教师就应该采取以下措施培养学生学习日语的动机。首先，教师可以通过设置教学奖惩机制来引发学生学习的兴趣；其次，人对世间万事万物都存在一定的好奇心，教师应该抓住这一点激发学生对于日语知识的求知欲望，并逐步培养起日语学习兴趣；再次，教师在制定日语教学内容时，应该将难度维持在50%左右，这与阿特金森的成就动机论相符，有利于激发学生的学习动机；最后，寓教于乐，教师还可以利用日本游戏、影视、动漫等来激发学生学习日语的热情。

为了调动学生学习日语的动机，教师除了应该培养学生学习的需要之外，还需要激发学习的动机。首先，运用各种教学方法激发学生自主参与语言活动的热情，最常见的方法有讨论教学法、启发教学法和辩论教学法，这对于增强学生日语实际应用能力具有重要作用。其次，教师可以通过创设问题情境来激发学生自主参与性。基于此，教师必须对所教授内容进行充分的了解，在新知与旧知之间搭建起桥梁，基于学生目前的日语认知结构，来创设问题情境。在日语教学中，存在很多创设问题情境的手段，一方面，问题情境可以由教师设问和作业的方式提出，另一方面，还可以以新旧教材的联系为切入点，或者从学生的经验出发设置情境。另外，创设问题情境的时间没有限制，既可以在教学过程中，也可以在教学即将结束时。再次，为了缓解学生的紧张情绪，教师要尽量营造轻松地课堂氛围。又次，在合作中竞争，在竞争中合作，处理好合作与竞争的关系。教师还可以通过开展日语学习竞赛，来构建合作型日语课堂。最后，教师还可以通过完善奖惩机制来激发学生学习动机。通常情况下，与批评和指责相比较而言，表扬与奖励在激发学生学习动机方面具有更重要的意义，同时也更有利于增强学生学习日语的信心。

总之，在日语教学中，为了调动学生学习日语的积极主动性，教师就应该合理利用各种各样的教学手段，最终提升学生的日语水平。

三、创设日语学习环境

在语言学习过程中，有无融洽的学习氛围，良好的学习环境对于教学来讲，起着至关重要的作用。我国当前对于日语的学习是一种间接认识，往往将教材作为教学的重点。然而，在实际生活中，语言的运用十分灵活，书本中所讲授的日语知识满足不了现实中的语言需要，学生如果只学习书本知识，那么将无法在真正意义上提升日语应用能力。从本质上看，认识由理性认识和感性认识构成，缺一不可，感性认识是理性认识的基础，学生要想掌握日语的文化知识与技能，就应该以感性认识为基础。但是学生在利用书本学习日语知识时，往往会遇到许多日语理解上的问题，此时，就需要构建日语学习环境，以帮助学生展开日语学习。

构建日语学习环境的方式多种多样：

（1）实物直观。表面来看，实物直观就是指学生直接面对面观察实物。显然，学生在学习日语知识时，往往会遇到难懂的地方，此时，实物直观能够在某种程度上增加学生的感性经验。

（2）模像直观。所谓的模像直观实际上就是利用图片、电视、录像、幻灯等手段来模拟实物的过程。其与实物直观相同，可以广泛调动学生的感性经验，但是在实际教学中，实物直观会受到各种各样的限制导致其无法正常使用，伴随着科学技术的发展，模像直观开始广泛应用于教学之中，并弥补了实物直观的不足，使学生更加直观地学习日语知识。

（3）语言直观。作为构建日语学习环境的方式之一，语言直观可以说是最为便捷的，限制最小的措施。生动形象的语言同样可以引发学生想象力，激发感性认识，进而增强教学的直观性。由此可见，教师在这一教学方式中起到至关重要的作用，一般来说，教师个人修养越高，运用语言的能力就越强，也就越容易引发学生的感性认识。

（4）完善教学设施。近年来，伴随着时代的进步，科技的发展，日语教学环境已经得到了极大的完善。多媒体教学设施的广泛运用，为日语教学营造了良好的学习环境。

教师作为日语教学中"教"的主体，同样应该为创设日语学习环境做贡献。首先，直观手段有利于激发学生的感性认识，在日语教学中，由于教学任务、教学目标、教学内容以及学生年龄的不同，使得教学所需直观手段也不一样，因此，教师在选择直观手段时，应该注意它的合理恰当性。其次，直观强调的是手段并非目的。学生在学习日语知识时，由于知识丰富度不够，常常会对所学内容感到疑惑，此时便需要教师运用直观手段来解决学生的问题。再次，教师应该运用直观手段增强学生对日语的认识。之所以进行直观教学的原因是激发学生对日语的感性认识，显然，日语教学的最终目的是丰富学生的理论知识，基于此，教师在利用直观手段开展日语教学时，不仅要激发学生的感性认识，还要引导学生深入认识日语，进而掌握日语知识与技能。最后，教师在日语教学中还应该注意教学资源的选择与利用，不拘泥于教学形式，一切以提高学生日语水平为主。

四、灵活性原则

在日语教学中，灵活性原则十分重要，只有教学保持灵活，才能激发学生的兴趣，进而在潜移默化中增强学生日语能力。可见，灵活性原则为兴趣性原则提供了保障。一般地，学生都会对灵活多变的事物更感兴趣，排斥甚至反感死板机械无趣之物，彼时，学生正处于生长发育阶段，对周围的一切事物都充满好奇心，有着探索未知的强烈欲望。正是基于语言自身的性质和学生活泼的性格特点，使得灵活性原则在日语教学中占有极为重要的位置，学生只有产生日语学习的欲望，才能够提升日语水平。这里所提到的灵活性原则主要包括以下三个方面：

第一，在日语教学中，确保教学方法的灵活多样性。事实上，自从日语教学兴起以来，便出现了丰富多样的教学方法，没有一种教学方法是完美的，几乎都存在弊端，可见，单一的教学方法不利于日语教学的发展。身为日语教学中"教"的主体，教师应该尽可能地探索教学方法，在教学中，根据具体教学情况来选择最恰当的教学方法。一般地，日语教学可以划分为两部分，其中之一是日语知识，所谓的日语知识教学实际上就是关于语音、词汇、语法等方面的基础教学，显然，不同的语言知识内容具有不同的特点。另外一部分是日语技能，也就是我们通常所说的听、说、读、写，这四大基本技能又可以被细分为各种微小技能。在实际教学中，学习者常常因为天赋、学习能力、知识背景等的不同而形成一定的差距。基于此，为了促进每一位学生的发展，教师就应该认真对待教学活动，根据学生具体情况，运用各种各样的教学方法来调动学生学习的积极性，增强学生的学习效果。

第二，学习的灵活性。通常情况下，在日语教学中，如果能够确保教学方法与内容灵活多变，那么就能够在一定程度上激发学生学习日语的灵活性。受到传统教学的影响，死记硬背的机械性学习策略已经根深蒂固，学生要想在真正意义上提高日语水平，并非易事。基于此，日语教师应该给予学生一定的帮助，寻找日语学习的规律，帮助学生树立自主学习意识，使学生动起来，自我激励，自我导向，进而积极主动地学习。

第三，语言使用的灵活性。无论学习哪种语言，最终目的都是合理应用，日语学习也不例外。为了增强学生使用日语的积极性与灵活性，教师需要在潜移默化中影响学生。这就要求日语教师在实际教学活动中，要尽可能多地使用日语，运用日语来讲授知识，使用日语提问并布置作业，帮助学生树立使用日语的意识。很多人错误地将日语教学看作学生机械学习的过程，然而，学生在日语学习中能否发挥自身积极主动性将直接影响到学习效果，因此，学生应该主动参与课堂，主动用日语与他人交流互动。此外，在布置日语作业时，教师应该关注学生实践能力的培养，尽量布置一些练习日语口语的作业。

五、输入优先原则

输入优先原则是日语教学中不可忽视的原则之一。听与读是日语输入的主要方式，说和写则主要负责输出。一般地，我们将输入看作第一性，输出则是第二性，显然，输入为输出的发生奠定了基础。在实际的学习过程中，人们说和写的东西远远比不上听和读的东西，换句话来讲，输出远远低于输入。之所以会形成这样的现象是因为人们听的能力远大于说的能力，看的技能也远高于写的技能。不过，说与写的技能可以在不断积累中慢慢提升，一般来说，人们的说、写技能可以随着听与读的积累，逐渐提升。简言之，语言的输出量受到输入量的正影响。

克拉申强调，只有有效的语言输入才能使人们获得语言能力，这为输入优先原则的确立提供了理论依据。语言输入是否有效主要取决于以下几点：首先，可理解性，倘若语言接收者，也就是学生无法理解所输入的语言，那么这些语言的输入将毫无意义。其次，趣味性、恰当性，这就要求语言输入要能够激发学生的兴趣，使他们能够积极主动地参与到学习中。最后，输入量充足，要想彻底掌握日语新句型，就应该充分练习语言材料。

（一）可理解输入与不可理解输入

显然，可理解输入与不可理解输入是相对而言的。所谓的可理解输入无非就是指所输入的语言材料难度适中，与学生语言发展水平相符，学生能够及时理解语言材料。而不可理解输入则是指所输入的语言材料难度要远远高于学生目前的语言水平，这使得学生即使努力也无法理解语言材料。

（二）粗调输入和精调输入

顾名思义，粗调输入与精调输入的本质区别就是语言在输入时是否进行了调整。显然，不存在语言调整的是粗调输入，存在语言调整的则是精调输入。基于此，精调输入往往用于日语学习初期，这一阶段，学生对日语了解不深入，精调输入有利于学生理解日语材料，但是，在日语教学中期或者后期，教师必须综合运用粗调输入和精调输入，以便增强学生的日语语言能力。

（三）自然输入和非自然输入

第一，明确自然输入与非自然输入对学生学习日语的重要性。第二，充分理解并区分自然输入与非自然输入，在实际生活中，人们仅仅利用听、读技能就能够掌握知识的途径就是自然输入，而学生必须经过练习才能掌握知识的途径就是非自然输入。

（四）外部输入和内部输入

从不同角度来看，语言输入的来源不同，就语言环境而言，外部输入和内部输入是语言输入的主要来源。作为语言输入的一种方式，外部输入则是指语言材料是由社会环境或教学输入的。而内部输入则与学习者自身有关，主要包括学生在语言练习时的自我交流。

（五）反馈输入与非反馈输入

作为语言输入的两种方式，反馈输入与非反馈输入是相对而言的，所谓的反馈输入实际上就是指运用反馈信息对学生语言学习假设进行修正，除了反馈输入以外的其他语言输入都可以被称为非反馈输入。纵观当前的教学环境，可以发现反馈输入能够帮助学生寻找日语语言规律，进而在此基础上修正所学日语，从而不断积累日语语言知识，增强学生的日语语言水平。

在实际的日语教学中，教师需要注意的要点有很多，现总结如下：

首先，对于日语教学来讲，学生自身的理解能力尤为重要，就学生自身而言，如果他们想要增强语言输出效果，就必须理解所输入的语言知识。基于此，凡是有利于学生理解的语言材料，都可以被用作日语教学材料。在实际的日语教学过程中，常常会遇到很多难度较高的语言材料，学生无法掌握，此时，不可强求，仅仅要求其理解语言材料即可，不需要会说或者会写，也就是说，不需要掌握难度高的语言材料的表达方式。这主要是因为理解就是掌握语言知识的重要过程。虽然教学目标要求学生必须全面掌握语言技能，然而就教学方法来讲，输出的必要前提条件就是输入。

其次，为学生接触日语提供机会。调动学生的感官，运用视、听、读等方法进行合理的语言输入，在语言材料方面，要选择与学生发展相一致的。比如，在选择日语声像材料时，不仅要关注材料的难度，同时还要保证材料与学生实际相联系，符合时代的发展。学无止境，同样地，世界上有千千万万本书，没有人能够完全读完，学生不能将自己限制在日语课本之内，而应该丰富学习渠道，利用网络或者其他形式来学习日语，突破教材的局限性，增加日语接触面。

再次，日语材料的难度也会在一定程度上影响学生的学习，教师必须根据学生的真实学习情况来选择日语材料，在符合可理解性的基础上还要注意日语材料的趣味性。

最后，丰富日语输入内容，拓展日语输入方式。伴随着时代的发展，各国之间的联系日益密切，当前，在我国存在很多日企，与日语相关的元素更是随处可见。显然，这为日语教学的顺利进行提供了帮助。日语教师可以将生活中存在的日语元素作为学习材料，这样不仅能够丰富日语输入内容，同时还能够调动学生学习的积极性。另外，日语输入方式也应该朝多样化方向发展，这样有利于提高学生对日语的兴趣。

无论如何，要想增强学生运用日语的能力，提高学生的日语水平，就应该综合运用语言输入与语言输出，两者缺一不可。在实际教学中，教师不仅要增加可理解语言输入，同时也要开展更多的语言输出活动。纵观日语教学，很多观点都对其发展产生了一定的影响，其中行为主义在 20 世纪 60 年代影响最为深刻。立足于行为主义观点，习惯在获得一门语言方面起着至关重要的作用，模仿是掌握日语的最主要形式。从某种程度上来讲，行为主义观点具有合理性，这也是迄今为止其仍然能够影响人们学习日语的原因。

在传统日语教学中，学生总是机械性地学习，这是受到行为主义观点的影响。具体来说，基于行为主义的日语教学主张模仿，忽略了学生自身的主观能动性，不仅不利于学生灵活地学习日语，还阻碍了学生日语实践能力的提升。

可见，模仿的应用必须做到恰当合理，掌握模仿的方式在日语教学中尤为重要。为了增强日语的可应用性，学生就应该灵活模仿，除了关注日语的形式之外，还应该注意语调、语音等方面，做到切实理解日语句子和词汇的含义。因此，教师应该为学生模仿语言创设恰当的情境，一般地，语言活动往往与学生日常生活密切相连。

第四节　日语教学的理论基础

一、认知语言学理论

（一）原型理论

无论是从思维、感知层面来看，还是从行动、语言角度来看，范畴划分都是最基本的。著名哲学家维特根斯坦对范畴持有以下观点：凡是属于同一范畴的事物都具有极大的相似性，这种相似性被称为"家族相似性"，它们之间或者总体相似，或者细节相似，共同构成了具有复杂相似关系的网络结构。另外，罗什也对范畴进行了深入研究，他认为范畴的划分并不十分明确，具有开放性特点。"原型"这一术语就是他提出的，事实上，原型隶属于范畴，在同一范畴中，家族相似性最大的成员就被称为原型。

基于原型理论，凡是属于范畴的成员之间都具有相似性，相互联系，但显然，这并非满足同一范畴的充分必要条件。不同范畴之间的界限并不明确，相邻范畴之间存在相互渗透；作为某一范畴的成员，原型与该范畴成员有最大相似性，但与相邻范畴成员也有很少的相似性；同属于一个范畴的成员之间所具有的该范畴的共性多少不同，这就导致各成员之间出现不平等现象，如果将范畴看作放射状结构，那么其中心位置就是原型，但这并不意味着原型具有固定性，其同样会随着文化、语境的变化而变化，时刻表现着当下的范畴。目前，原型理论在日语教学中应用广泛，比如，日语语音学、语义学、形态学、句法学等。

（二）概念隐喻和概念转喻

纵观认知语言学，其内容丰富，包含多种理论，概念隐喻就是其中之一。事实上，在过去，无论是隐喻，还是转喻，都被看作修辞，属于修辞学家或者文学家研究的范围。认知语言学家强调不同类型的语言之间不存在很大的区别，隐喻同样蕴含在日常用语中。人们往往利用隐喻和转喻来对抽象范畴下定义。所谓的概念隐喻其实可以用映射来概括，在不同认知域中，从始发域向目的域的映射就是概念隐喻，可见，隐喻具有跨概念性。在实际生活中，人们经常会用熟悉的词汇去描述陌生词汇。概念隐喻与概念转喻具有极大的相似性，但又并不完全相同，一般地，转喻是指同一认知域中的由始发域到目的域的映射。正是因为两者只有是否跨认知域的区别，所以时长难以区分。因此，只有将概念隐喻与概念转喻区分开来，才能学好日语。

（三）象似性

一般地，语言的形式与其实际意义之间性存在一定的相似性，这被称为象似性，又被叫作拟象性、临摹性。符号学中的象似符是象似性这一名称的源头，影像符、图示符、隐喻符共同构成了象似符。人们在日常生活中所见的象形文字和所听到的拟声词都属于影像符，可见，其实际上就是一种简单的模仿。当前，语言学者将研究象似性的重点放在了图示符上，图示符主要强调结构上的相似，在语法上有所体现，数量象似性、顺序象似性、距离象似性等都属于语法的象似性。所谓的数量象似性主要是指人们所表达的语言所传递的信息量往往与语言的实际意义呈正相关，也就是说，语言所表达的含义越丰富，则语句越长，在日语中，也是如此，一般地，日语的句子和词汇越长，所表达的意义就越丰富。而顺序象似性，顾名思义，就是指语言成分的结构与所描述事件发生的顺序相对应，世界上任何一种语言的运用都该如此，日语也不例外。通常情况下，在语言结构中，词汇的位置也会受到词汇之间关系的影响，关系越紧密则距离越近，这就是距离象似性。

（四）图形-背景理论

认知语言学的图形—背景理论是心理学对人类认知研究的重要贡献，如今，它被广泛地适用于各种认知行为研究中。在完形心理学家看来，图形、背景两部分共同构成了知觉场，显然，两者有着本质的区别，图形具有可感知性，以突出的实体的形式存在，背景则主要起到衬托、辅助图形的作用。例如，当一个人在认真听讲座时，图形就是指讲师所讲的内容，背景则是指周围其他人的谈话，而当其和旁边的人交流时，图形和背景便都发生了变化，此时，图形指他们之间的交流互动，讲师的话则沦为背景。

在语言中，图形和背景同时存在，都属于基本认知概念的范畴。图形作为一个可以移动的实体，存在很多变量，比如，路径、位置、方向等，一般来说，研究图形就是探索其变量，而背景则是用来描述图形变量的参照实体。事实上，蕴含在语言中的空间关系就体现了图形、背景关系。基于图形—背景理论，相关语言学者最先探究了空间关系，进而不断深入研究语言，这极大地推动了语言学的发展。

二、元认知理论

（一）元认知的定义与结构

提起元认知，便不得不对其定于结构做出概述。1976 年，美国著名心理学家弗拉威尔最先提出元认知，在他看来，所谓的元认知就是指人对于自己认知过程和结果的认知，在认知过程中，为了更好地了解认知对象，人们会积极主动地检测并调节认知过程。[①] 具体来说，人们对认知现象的重复认知就是元认知，主要是对认知行为、认知状态、认知情感的再认知。[②] 基于此，元认知又被称为认知的再认知，作为认知活动的核心，元认知对于推动认知活动开展具有重要意义。

一般地，元认知被划分为三部分，分别为元认知知识、元认知体验以及元认知监控。影响认知的因素多种多样，只有充分认识这些因素，才能更好地完成认知过程，进而得到最佳认知，元认知知识就是个体对于这些因素的认识。构成元认知知识的成分复杂，不仅包括认知主体的知识，还包括任务知识、策略知识。认知加工者所具备的知识就是认知主体的知识，而任务知识内容丰富，除了包括对认知活动的认识之外，还包括对认知材料的认识。人们要想完成认知任务还需要采取有效的路径，对此路径的认识构成了策略知识，比如，认知路径的选择、认知路径的有效性以及认知路径的应用条件等都属于策略知识的范畴。当前的策略知识主要可以分为三类，分别为条件性知识、程序性知识和陈述性知识。所谓的元认知体验，顾名思义就是指人们在进行认知活动过程中的与情感和认知相关的体验，在阅读日语材料的过程中，读者所获得的真实感受就是元认知体验。人们在认知过程中对自身认知活动所进行的监控与调节就是元认知监控。

构成元认知的三部分之间既相互联系，又相互区别。元认知知识作为元认知内容的基础部分，不仅为元认知体验的产生提供了条件，同时还催生了元认知监控，并利用元认知监控发挥功能。而元认知体验同样影响其他两部分，它

---

① 汪玲，方平，郭德俊. 元认知的性质、结构与评定方法 [J]. 心理学动态，1999（1）.

② 杨小虎，张文鹏. 元认知与外语阅读理解 [J]. 中国矿业大学学报（社会科学版），2001（3）.

影响着认知任务的完成，一方面，修正元认知知识，另一方面，推动元认知监控。元认知体验有积极和消极之分，显然，积极的元认知体验更有利于人们完成认知任务，它能够调动人们认知的积极性，挖掘人们的潜能，进而增强认知效果。元认知监控则具有丰富旧的元认知知识和激发全新的元认知体验的功能。

（二）培养元认知的策略

1. 要完善元认知知识

在日语教学中，要想丰富学生的元认知知识，就应该从以下几个方面入手。

首先，树立自我认知意识。在日语教学中，教师为了提升学生日语水平，就应该积极发挥引导作用，引导学生运用不同的方式开展学习活动，帮助学生掌握自我认知特点，进而探索出最佳的日语学习策略。

其次，增强学生的认知策略水平。在日语教学中，学生应该充分认识到什么是认知策略，探索其可用范围以及使用时间和方法等。一般地，倘若学生的认知策略水平有所提高，将其适当运用到日语学习中，就能够更好地掌握日语知识，增强日语学习效果。

为了增强学生运用学习策略的能力，布朗提出了感受自控训练法，这一方法，有利于学生真正理解认知策略，并进而学会运用策略。基于此，学生应该不断运用感受自控训练法进行练习，彻底掌握丰富多样的策略，进而完善元认知知识。

2. 丰富元认知体验

培养元认知的方式有很多，丰富元认知体验就是其中之一。在日语学习中，学生如何确立任务目标以及确立怎样的任务目标等都会受到元认知体验的影响，另外，学生个人的元认知知识丰富与否也受到元认知体验的影响，同时其还影响着元认知策略的产生。基于此，在日语教学中，教师应该积极创设与学生日常生活相关联的元认知体验情境，使学生有身临其境之感，激发学生的元认知体验，进而引发学生学习日语的兴趣。

3. 提高元认知监控能力

增强学生的元认知监控能力是培养元认知的重要策略之一。要想实现学生的元认知监控主要可以从两个方面入手，一方面，加强学生内部反馈，另一方面，营造良好的外部环境，为学生学习日语提供良好的氛围。这样有利于教师教学的进行。从某种程度上看，学生的元认知水平主要表现在迁移方面，迁移有正迁移和负迁移之分，正迁移就是指一种学习能够对另一种学习产生积极影响，负迁移则相反。

三、建构主义理论

（一）建构主义理论的含义

建构主义理论起源于西方，经过几十年的发展，传入我国，因此，名称便由翻译得来的。从本质上看，建构主义理论是与知识、教学、学习相关的理论，其属于心理学领域。学生在认识外界事物的基础上所产生的心理活动就是建构主义理论中所说的图式。事实上，图式为人们认识、探索事物的本质奠定了基础。基于此，学生在同化、顺应、平衡已经认识了的外界事物的基础上构建知识意义的过程就是图式的发展历程。

一般地，学生有选择地吸收外界刺激并对所吸收知识做出改变的过程就是同化。此时，外界刺激已经转变成了学生的认知，同时以一定的形式与学生已有的图式结构相融，构成知识体系。然而，并非所有的外界刺激都能引起同化，部分无法同化的外部信息就只能依靠学生调整自身知识体系的方式来获得了，这就是所谓的顺应。提起平衡，人们首先想到的就是化学平衡，这里的平衡主要是指学生在同化或顺应外界事物之后，自我认知发生改变，使自身的意义建构从学习前的状态变为意义建构之后的另一种状态。

学生在同化或顺应了外部信息之后，自身的知识体系发生了改变，显然，当下的知识体系与旧的知识体系有很大差别，但相同的是，两个知识体系都处于动态平衡之中。换句话来讲，在外部刺激下，学生的知识体系系统遭到破坏，不再维持平衡，而后，经过知识的同化或顺应，又重新达到了动态平衡状态，此时的平衡是全新的平衡。

纵观建构主义理论，其所包含的教育学理论数不胜数，然而究其本质，虽形式多样，但核心一致。日语教师在教学中设置相关问题情境，学生融入情境之中，不断挖掘日语知识，同时实现知识的内化，由此可见，教育的中心是学生。随着时代的发展，现代教育信息技术广泛应用于日语教学之中，并对建构主义理论提供了必要的支持，基于此，教师将建构主义理论合理运用于日语教学实践中，增强了建构主义在教学中的价值，深化了教育改革。

（二）建构主义理论指导下的日语教学形式

伴随着全球化进程的加快，各国之间的联系日益密切，外语人才对社会发展的贡献越来越大，为了满足社会的需求，我国各大高校开始设置外语课程，日本作为我国的邻国，更是与我国贸易来往密切，因此，日语引入高校教学中。

培养学生基本的日语能力成为日语教学的关键，阅读能力、听说能力、翻译能力缺一不可。

　　纵观传统的日语教学，存在很多弊端。日语教师往往在教学中占据主导地位，这极大地削弱了学生的主体性，降低了教学效果。在传统日语教学中，教师扮演着知识灌输者的角色，一味地向学生传授日语知识，掌控着教学的节奏，学生则扮演着被动接收者的角色，机械地学习日语，这在一定程度上降低了学生学习的兴趣。正如我们所知，增强学生的记忆能力也是提高学习效果的措施。因此，很多日语教师会给学生安排背诵课文的任务，但由于任务具有强迫性质，导致学生积极性不高，甚至产生抵触情绪，显然，这无法增强学生学习日语的兴趣，也不利于学生构建日语知识体系，提高日语实践能力，更无法满足社会对于日语人才的真实需求。总之，传统的日语教学模式与当前时代的发展及社会的需求不相符，急需创新。

　　依托于建构主义理论的日语教学模式彻底摆脱了传统教学模式的束缚，不再将课堂教学当作日语教学的全部，同时也创新了教学方法。自从进入信息时代之后，互联网的功能便逐渐强大起来，并逐渐运用于教学之中，承担着辅助教学的任务，网络上有着丰富的日语学习资料，学生可以充分利用这些资源来丰富自我，同时，学生也可以利用网络平台与他人互动交流，探讨日语知识，研究日语问题。开放性的网络平台构建了愉悦地日语学习环境，在很大程度上增强了学生学习的积极主动性，从而达到提高学习效率的目的。

　　身为新时代的日语教师，应该跟上时代的步伐，合理利用网络平台来开展教学。为了加强学生对课堂所学日语知识的记忆，教师可以适量布置一些需要运用网络平台来完成的日语作业，如此，可以增强学生对网络的应用能力，同时锻炼学生的判断、推理能力。日语教师在布置课后作业时，要注意保持作业的难度适中，既不能过于简单，也不能过于复杂。如果学生在完成日语作业的过程中遇到困难，可以自行在网上搜索，或者寻求同学与教师的帮助，这培养了学生的合作精神。可见，当前日语教学需要网络平台的辅助。目前，受到环境的制约，日语教学的氛围始终不够浓郁，全日语的交流环境可望而不可即。就目前日语教学情况来看，日语角推广程度不够，而且学生与他人用日语进行交流的机会也不多，这根本无法满足学生对日语的训练要求。互联网的发展为这一难题的解决带来了曙光，学生可以利用课后时间与他人开展网上日语交流，充分练习日语。

互联网既不具有空间限制，也不受时间约束，这为日语教学提供了良好的契机。日语教师应该牢牢把握这一点，基于社会需求，创设一个可供学生交流互动的网络交流平台，进而推动学生的个人发展。然而，网络资源鱼龙混杂，既存在有利于学习的内容，也有阻碍学生发展的内容，因此，学校应该严格监督学生，防止学生受到网络侵害。

第二章　日语多模态教学模式

日语教学融入多模态模式，可以为其教学发展提供新的动力。多模态日语教学模式的应用对于提升日语教学效果有极大的促进作用。本章从多模态研究的相关概念入手，论述了多模态话语各模态之间的协同关系，探讨了多模态话语日语教学模式的构建，最后概括和总结了日语多模态课堂教学评估体系的构建。

第一节　多模态研究的相关概念

一、媒体、多媒体、超媒体、媒体间性及教学媒体系统

(一) 基本概念

1. 媒体

作为传播信息的主要方式，媒体通常也被人们称为媒介。事实上，从当前教育技术学的角度来看，媒体主要可以分为五类，分别为传输媒体、存储媒体、显示媒体、表示媒体以及感觉媒体。无论是承载着信息的工具，比如，纸、笔、黑板、录音机、投影仪、计算机等，还是人类的感官，比如，视觉、听觉等，都包含在其中。

从语言学的角度来看，当前媒体主要被划分为两大类，分别为语言媒体、非语言媒体。两者的主要区别在于是否将语言当作信息载体，在日常生活中，常见的语言、文字以及副语言等都属于语言媒体，可以承担传递信息的任务，语调、音色、口音、语速等都属于副语言；非语言媒体则指交际者利用语言之外的媒介，例如肢体动作、工具、环境等来传递信息。从这方面来看，非语言媒体又可以细分为肢体媒体、非肢体媒体。当前，在实际生活中，人们常常利

用非语言形式来传播信息，可见，在当前的媒体传播中，非语言传播变得越来越重要。

2. 多媒体

伴随着互联网的发展，多媒体技术开始广泛应用于教学中。所谓的多媒体，顾名思义就是多种媒体共同发挥作用的一种信息技术，一般地，人们利用计算机来操作多媒体，将构成多媒体的要素有机结合，共同传递有效信息。正如我们所知，多媒体技术作为一种新兴技术，具有实时性，除此之外，集成性、交互性也是其标志性特点，其能够分析并处理各类图片、文字、声音信息。为了提高学生学习的兴趣，调动学生学习的积极性，教师通常会利用动画、互联网、视频等多媒体技术来辅助教学，当然，利用多媒体技术的必要前提是要确保与教学目标、教学内容相符。显然，多媒体技术的引入不仅营造了良好的课堂氛围，还有利于学生学习课堂知识。作为当前最常用的教学工具，多媒体技术为混合式教学模式的发展贡献了不可忽视的力量，并推动其成为日语教学的主要模式。

3. 超媒体

基于信息浏览环境下，超文本与其他媒体的有机结合就是超级媒体，简称为超媒体。而由超链接组成的具有全球性的信息系统就是所谓的超媒体系统，也就是指网络上运用 TCP/IP（传输控制协议/网际协议）和 UDP/IP（用户数据包协议/网际协议）的应用系统。当前科学技术发展突飞猛进，作为数字化教学的隐藏的媒体形式，超媒体发展也越来越迅猛。

4. 媒体间性

从表面上看，媒体间性实际上就是媒体相互性，也就是指各类现代媒体之间的关联性。具体而言，无论是各大媒体内容之间的转换，还是媒体形式之间的变换，都属于媒体间性。之所以研究媒体间性，是为了推动教学媒体、模式以及模态创新发展，同时促进教学观念的转变，构造良好的课堂教学环境。例如，进入 21 世纪之后，信息技术发展迅速，各类通信工具开始应用于教学之中，依托于超媒体的学习方式打破了传统教学观念，之前作为课堂违禁物的手机，现在频繁以学习工具的身份出现在课堂上，学生利用手机等通信工具搜索学习资料，观看教学视频并与师生互动交流。种种迹象表明，时代的进步，信息技术的发展，丰富了教学方式。在几十年前，手机仅仅只是通信工具，无法应用于教学，但如今泛在式学习和各种多媒体技术进入课堂，为手机辅助教学提供了机会。基于此，手机不再是单纯的通信工具，而是成为传递信息的载体，它不仅转变了传统意义上的教学观念，丰富了教学手段，同时还增强了日语课堂的互动性。

（二）教学媒体系统

基于现代教育技术背景，日语教师要想取得良好的教学效果，真正推动日语教学，就应该合理利用多媒体教学技术，尽可能地推动学生利用多模态开展学习。

单媒体和多媒体都是构成日语教学媒体系统的重要部分。显然，投影仪、扩音器、道具、黑板、图片等属于单媒体的范畴，而类似于动画、语料库、视频、互联网这类媒体则属于多媒体。日语教师合理利用这些教学媒体的重要前提就是掌握教学媒体的使用方法。事实上，人们对日语教学进行评价时也会参考教学媒体系统的使用情况，比如，使用时间、搭配是否得当等，研究课堂话语也是如此。

进入 21 世纪之后，各国都在大力发展信息技术，并将其应用于各行各业，教育界也不例外。多媒体技术的应用，极大地推动了日语课堂的教与学。为了跟上时代发展的步伐，教师必须转变传统的教学思想，掌握多媒体技术，丰富日语教学内容与形式，构造生动的日语教学氛围，进而在潜移默化中推动日语教学的发展。

二、模式、模态、多模态及其相互关系

（一）基本概念

1. 模式

从表面上看，模式、模态以及多模态十分相似，然而三者有着本质区别。一般地，按照一定规律进行交流的方式就是模式。模式的形式多种多样，静止不动的图像、语言、手势、音乐、姿势等都属于模式的基本形式，另外，基本形式所组合而成的新形式也属于模式，比如，视频会议。从社会符号学的角度来看待模式，可以发现，模式对于表达、交流以及传递信息都具有重要意义。从系统功能语言学的角度来看，模式也可以被称为"话语模式"，它代表一种交流渠道，可以借助口头、书面以及身体动作等等方式来完成。一般而言，无论哪一种话语模式都需要借助一种或者几种媒体来加以表现，在不同媒体类型的组合下才能形成多样的交流模式。使用不同的模式或者进行一定的改变能够对信息流动与话语特征产生影响。正如教师讲课一样，教师在课堂教学中，会使用多种交际模式，比如用口头的形式讲解课件，用书写的方式进行板书，甚至还会借助身体动作为一些教学示范，这些都是多样的交际模式。由此可见，

模式的关注点在于产生信息的方式以及过程，它虽说是一种简单的符号资源，但却具有特别的意义潜势。

2. 模态

对于事物来说，模态就是其表现自身属性的一种模式或者方式。模态的划分在不同的学科中有不同的标准。一般情况下，信息接收者通过模态这种话语模式来完成信息的感知，因而，模态的形成与媒体的信息表达有关，也与人们的感知有关。如果从系统功能语言学说和社会符号学的层面进行解读，人们交流需要借助一定的具有意义潜势的符号，一般包括语言、声音、图像等等多种模态。从认知科学的角度来探究人类的感知通道可以发现，模态可以借助感官进行分类，从而形成了几种模态类型，即视觉、听觉、嗅觉、味觉和触觉。通常情况下，对模态概念进行划分需要从两个层次上进行，一是宏观，二是微观。从宏观的角度来看，模态的划分标准是感知通道，信息通过感官完成感知而形成模态；从微观的角度来看，模态可以看作是一种符号资源，它有着一定的意义潜势，信息的表达需要媒体借助交流模式而完成。因此，对多模态话语进行研究，往往是从宏观到微观，进而完成话语研究的细化。正如，在教学课堂上，对学生阅读行为的分析可以先从感知通道进行，然后再进行细化的研究，最终形成具有意义潜势的模态。随着社会的进步，学界对于多模态的研究不断深入，对于多模态的探究角度也愈发多样，从而划分出了更多的模态类型。

3. 多模态

所谓多模态，是一种语篇模式，这种语篇的形成需要将多种不同模式的符号资源整合起来才能完成。如果从感知通道对模态进行分析，多模态的模态种类需要达到两种或两种以上。在人类的生活中，他们交流与感知的实现基本上都是借助多模态来完成的。正如，在课堂学习中，学生需要听教师的知识讲解，那么教师就是通过"言语"来使学生进入"听觉"模态；而当教师进行板书书写时，学生就是处于"视觉"模态，教师的模态则是动作。这里需要明确的是，有些模态如果按照感知通道的标准划分可能只表现为单个模态，但是如果按照符号系统的标准划分，则是表现为多个模态。因而，多模态的划分需要根据具体情况而定。

（二）相互关系

1. 模式与模态的区别

如今，学术界对模式和模态这两个术语并没有明确的界定。主要原因有两个：一个是不同的学科对这两个词的定义不同，长期以来对这两个词的使用方式也不一样，所以在话语学研究中很难对这两个词有一个统一的定义；另一个原因是模式和模态之间具有共同性，所以在合适的条件下模式会被转化为模态，模态也会被转化为模式。例如，教师在课堂中使用的 PPT 就是一个典型代表，它既是老师向学生表达信息的电子模式也是一种包含视觉、声音等模态的模态组合。

模式和模态强调的重点不同。模式的重点在输出，而模态则相反，模态的重点在输入。模式强调的是信息是通过怎样的传递者以怎样的方式进行传递的，以及信息的意义潜势。模态强调的是信息的输入，所以重点在于信息接收者以及信息接收者对信息的接收程度和理解程度。模式和模态直接关系到对课堂话语的特质的把握，所以想要进一步研究课堂多模态教学，区分模式和模态是其前提。

高质量的语言课堂不仅是学生运用听觉模态和视觉模态去听和看老师讲课，还需要学生调用多种模态与老师进行互动交流。课堂话语的构建不是由教师单独构建的，学生也要参与进来。学生在课堂中的看、说、听、演、写是学生用口头、书面等参与课堂话语构建的模式。课堂中，学生是主要的信息接收者，因此听觉和视觉是学生最主要的模态，但课堂话语的构建离不开信息的输出，所以，说、演、写就是学生的语言输出行为。

学生是课堂教学话语分析的主体，所以不能从单一的某个方面去分析，必须全面、系统的分析学生在构建课堂话语时运用的模态和模式。这也要求研究者不能固守单一的研究模式，从多个角度去分析、把握模式和模态的关系，为分析真实的课堂话语打下基础。

2. 媒体、模式、模态之间的关联

当媒体作为交流工具，模式作为交流渠道，模态作为交流结果时，这三者之间的关系是清晰明确的。但因为这三者之间还存在共同性，特别是语境发生改变时，这三者之间会相互转化，同时关系也会变得模糊不清。模态可能转变为媒体，媒体转变为模式，甚至媒体既是模态，也是一种交流模式。例如，课堂教学中，教师和学生都是信息的传递者和输出者。教师会使用口头、书面等话语形式对学生进行授课，学生则会使用视觉听觉等模态接收教师传递的信息。另外，教师和学生的互动过程中，教师会变成信息的接收者学生称为信息的输出者。学生进行信息输出时也可以使用多种媒体手段，如肢体动作、PPT、话语等。除语言交流外，"听"和"写"也是学生在课堂中的主要表现形式。"听"是学生对信息的接收，而信息主要来源于教师的语言传递。"写"是学生将接收到的信息进行再次展现。课堂当中，教师和学生所使用的媒体、模式和模态种类的不同比例，会直接影响师生之间的话语结构，同时也是评价这节课成功与否的关键因素。

(三) 日语课堂教学中的话语模式和模态系统

日语课堂教学主要是通过话语模式进行，所以话语模式在日语教学中发挥着重要作用。然而，话语模式又受媒体因素的影响，不同媒体之间的相互协作会直接影响话语模式的形式，进而对信息传递效果产生影响。日语课堂教学中，师生主体的话语模式的交流渠道多样。所以教师在进行教学设计时，一定要分析清楚不同话语模式的特点，根据他们的不同特点，有针对性地选择话语模式或者将不同话语模式进行有机结合，从而达到优质教学的目的。例如，学生在课堂中演绎课本内容时，学生在表演的过程中将动作、书面、借助媒体播放的音乐等话语模式融合在了一起。在课堂教学中使用多种话语模式，会让学生对教师所讲授的知识点有更深入的理解，从而使教学效果得到提升。因此，教师在利用不同话语模态保证学生对信息接收的同时，也要让学生学会运用不同话语模式进行信息的输出，提升教学质量。

在课堂教学中，学生会用多种模态接收教师传递的信息，被学生频繁使用的模态会直接影响教师的教学模式和教学方法以及最后的教学效果。在日语课堂教学实践中，由于各类模式发挥的作用有大有小，发挥作用大的模式被称为"主模式"，而其他发挥作用次于"主模式"的则被称为"辅模式"。主模式和辅模式之间并非是独立的，辅模式对主模式起到辅助作用，二者相辅相成，共同实现课堂教学话语意义。日语课堂教学实践中，除了有不同种类的模式还有各种各样的模态。模态的划分也同模式一样，主要看其发挥的作用大小，分为主模态和辅模态，辅模态同样为主模态起到补充的，二者共同强化教师的输出或学生的输入，以此促进教学。

三、话语、多模态话语与课堂话语

(一) 话语

话语其实就是人与人之间的沟通交流，但由于话语广泛应用于各类学科中，各学科不同的研究视角，使得对话语的解释也不尽相同。例如，在话语语言学里，话语指的是文字或者语言，能够充分表达某种思想或意思，属于较大的语言单位。而在超语言学和符号学当中，话语则是言语整体，其基本单位是表述。

(二) 多模态话语

多模态话语和单模态话语的确定是根据话语涉及的模态数量来决定的。单模态话语中只存在一种模态，而多模态话语中的模态则涉及数量较多，至少为两个。根据社会学符号，多模态话语就是在一个指定的、完善的话语体系中，将不同符号的模态进行整合，使其具有特定的意义，以此来达到沟通的目的。另外，也可以把多模态话语定义为一种现象，主要是指多模态话语借助话语、声音、视频等多种形式的手段，然后通过人体的感觉器官形成不同感受，最后实现信息交流的现象。

（三）课堂话语

话语在课堂话语中具有特殊性，而日语课堂话语相较于其他课堂话语来说也是不相同的。在日语教学中，首先，教师和学生之间需要借助话语构建沟通的桥梁；另外，日语教学实际上是教师向学生教授语言知识，提高学生的语言学习能力，所以，话语也是学生学习的归宿。日语课堂是以学习日本语言为目的，无论是教师的信息输出还是学生的信息输入，都离不开话语。所以，教师在进行课程设计时，要重视话语在日语课程话语中的重要地位，将文字或语言设为主模态。若使课堂效果达到最佳状态，还需要借助其他模态对主模态进行辅助。

第二节　多模态话语各模态之间的协同关系

一、多模态话语的媒体系统

模态和媒体之间既有区别又有联系。首先，模态以媒体为物质基础，没有媒体，模态也就无法存在。其次，模态和媒体的形式是完全不同的，模态和符号相关，是一种符号系统，而媒体则属于物质手段。教学中，借助多种模态进行信息传递并非毫无依据。首先，模态中的要素是意义，意义的存在是达到交流目的的基础，而意义的产生就来自于经过社会长期锤炼的物质的媒体。其次，意义不仅来自物质的媒体，也来自各类语言模态，多种语言模态之间的相互结合会产生不同的作用，而这种产生作用的过程也就产生了不同的意义。最后，社会信息传递的需要不是一层不变的，它在多种因素的影响下，会产生相应的变化，因此，新的模态顺势产生，而旧有的模态因无法适应新的社会信息传递的需要最终被淘汰。

根据媒体的性质和特点，可以将媒体具体划分为语言媒体和非语言媒体。

现代社会，媒介的发展以科技为基础，但无论是何种形式的媒介终端，其传播媒介依然无法脱离声音和文字。所以语言媒体成为人们日常生活中所使用的最主要的媒体，而声音符号和书写符号也成为使用范围最广的两种语言媒体，同时这两种语言媒体也是语言传播的主要媒介。非语言媒体，可以划分为肢体媒体和非肢体媒体。肢体媒体和非肢体媒体虽然同属于非语言媒体，但这二者在形式上有很大的区别。肢体媒体主要是借助人们在沟通时的面部表情和肢体动作来进行信息的传递。而非肢体媒体则是借助外部媒体来进行信息交流，如以科学技术为基础的设备、交流时的环境以及交流者身边的其他人等。在课堂教学中，非肢体媒体的数量也越来越丰富，如教学过程中使用的投影仪、无线网络等。

多模态话语中的"多"不仅指交际者获取信息的感知渠道多，也包括交际者在进行交流沟通时能够使用不同的媒介和符号。多模态话语的出现打破传统表达方式的局限性，让人们在选择表达方式时有了更多的选择。

媒体是信息传递的工具，自身本应不具备任何意义，但模态能够改变媒体的状态，使其具备意义。例如，当我们看到红灯亮起时会本能停下脚步，而看到绿灯亮起时知道这是通行的标志。此时的红绿灯仅能用于交通规则当中，因为它不仅是媒介还被赋予了交通规则的意义。这种形式就属于给媒介指定某种特定的意义。还有一种是以语法的形式，不仅为单个符号指定特殊意义也可以在多个符号组成一个整体的时候，给这个组合体赋予特定的意义。

二、多模态话语形式之间的关系

（一）多模态话语关系的理论基础

多模态话语分析综合理论框架的建立是以系统功能语言学理论为基础的。交际者在不同交际过程中的语境和目的是不同的，所以，交际者为实现自己的交际目的会选择合适的模态。例如，在课堂教学中，教师可以通过展示 PPT 的形式以视觉模态表达，也可以通过话语由听觉模态表达。交际者自行选择模态的过程就是一个动态的过程，但是它受到交际者主观意志的制约。不同的模态有自身不同的特点，所以，交际者在选择模态的过程中关键是要掌握住模态的特点，利用好模态的优势，将他们合理结合，发挥更大的优势。这样才能将不同模态所表现得意义展现出来，从而达到交际的目的。

多种模态之间谁为主，谁为辅并非是固定不变的，而是与交际事件的发展阶段相适应。不同阶段，模态当中的文字、图像和动画所占比例是不一样的，这三者在不同阶段都可能占据主导地位。因此三个要素动态变化的过程在动态多模态话语分析的研究中尤为重要。

（二）课堂中多模态之间的关系

多模态是课堂教学话语的特点，多模态的种类和人体五大感官相对应，但在课堂教学中，作用最大、占据主导作用的模态是口语模态，因为口语模态也被称为主模态。虽然口语模态在多个模态中占据主导地位，但其弊端我们不可忽视。口语模态主要借助语言表达，语言转瞬即逝，容易使学生在课堂上遗漏掉相关知识点。另外，仅仅依靠口语模态，学生很难使相关知识具象化，最终无法透彻理解知识点，而这些不足则需要其他具有相关优势的模态进行弥补。人际交往的过程中，交际者为达到传递信息的最佳效果，会使用多个模态。然而模态的作用是不尽相同的，可能口语模态是以强化其他模态的形式存在的，当然，也可能是为了说明补充另一个模态的意义而存在。因此，多模态话语中各个模态之间的相互影响相互作用会直接影响交际者信息的传递。人类使用多模态话语的目的是多样的，可能是为了让自己的交际形式更具吸引力，也可能是人类自身的本能需要。但最主要的是一种模态无法使意义充分表达，实现交际的目的，因此要借助多模态话语之间的协调与合作。

多模态话语中存在两种关系，互补关系和非互补关系。非互补关系也是一种模态，但互补关系就是当一种模态存在缺陷无法完整表达交际者要表述的意义时，交际者会借助其他模态的优势去辅助表达。例如，交际者在沟通的过程仅用话语无法强化意义的表达，还会用肢体语言来进行辅助。在互补关系中，不同的模态发挥的作用是不同的，但只有一种模态占据主导地位，发挥基础作用。补充作用又可以细化为强化和补缺。强化强调的是在多模态话语中其他模态对发挥基础作用的模态的强化作用。例如，在日语课堂教学中，语言是教师与学生之间最主要的交际形式，语言发挥着基础作用，而教师所使用的图片等则对语言起强化作用。补缺是两种模态之间的关系，而且这两种模态在交际中是处于同等地位的，不可或缺的，但由于这两种模态各自存在一定缺陷，需要互为补充。例如，学生在课堂中，视听结合有利于达到有效的听课效果。

非互补关系所表示的也是两种模态之间的关系。模态之间如果有交叉或重叠，交际者在交际过程中语境有交互的关系就是非互补关系所表示的这种关系。模态间的交叉和重叠是以多个模态为基础，最典型的就是教师在课堂中所使用的PPT。教师将所要讲的内容输入到PPT中，通过阅读的形式，将PPT的内容传递给学生。模态和语境之间不是单独存在的，他们相互影响，形成积极和消极模态之间的关系。例如，情景是贯穿整个交际过程的，但情景的参与并非是主动的，而是根据交际者的交际目的和交际方式被动参与的，因此，话语交际是否具有多模态性和情景的依赖性密切相关。

三、多模态话语在日语教学中的协同关系

（一）课堂话语的意义建构

多模态课堂话语分析的理论框架来源于社会符号及系统功能语言学的理论。课堂话语的意义建构中，符号是发挥主要作用的因素。课堂话语意义的建构主要是为了将课堂内的各种符号之间相互作用形成的整体意义传递给学生。各类符号贯穿于课堂教学之中，各类符号之间的相互作用是值得研究的课题，元功能理论为符号之阿基诺相互作用的研究提供了分析工具。课堂话语的意义建构对象是学生，因此意义建构的完成，是由学生是否真正理解各个符号之间相互作用所决定的。课堂话语的意义建构脱离不开课堂，因此教学环境也影响着意义的建构。

话语模态的和其他模态的作用存在重合，所以在研究多模态的过程中，不能仅研究话语模态，而是要将话语模态和其他模态看成一个整体，系统梳理整个多模态中不同模态之间的结构以及形成不同结构的过程。多模态中占据主导地位的是话语模态，所以语言系统是研究的重点。如今，对语言系统的研究已经达到相对成熟的阶段，无论是词汇还是语法都已形成自己的研究体系。但是，其他模态的研究还有很大的上升空间，特别是在意义层面，词汇语法系统和意义系统之间的区别还很混乱。

（二）日语多模态课堂

1. 日语多模态课堂中的要素

课堂教学的四个必备要素分别是传递教学内容的教师、接受教学内容的学生、辅助教学的教学媒体以及为实现教学目标而设立的教学内容。这四个要素处于同等地位，没有先后之分。在课堂教学过程中，教学媒体是教师向学生传授教学内容的工具，学生在学习中占据主导地位，教师则在课堂教学中发挥着主导作用，这四个要素彼此之间相互影响、相互制约，使教学具备了特殊的意义。课堂四要素直接影响课堂质量的高低，而课堂四要素功能的发挥又受到多模态的影响，所以，日语教育者要处理好课堂四要素和多模态之间的关系。

（1）教师。教师的作用不仅体现在教学过程中，也体现在课前的教学工作的准备以及课后对教学工作的反思以及改进的过程中。口语是教师最主要的语

言表达方式，但教师在授课过程中的表情状态、不同的声音语调等都会融入进教师的语言表达中。日语教学是语言教学，因而对教师的话语表达要求较高，所以教师在上课的过程中，无论是发音的音量还是在进行话语时感情的表达都是值得注意的。

在无论是教师还是学生，在课堂当中使用单一的模态是行不通的，特别是学生，如果仅用一种模态学习，既无法透彻理解相关知识点也无法加强相关记忆，无法使课程效果达到最佳状态，因此要借助其他模态，以此来辅助主模态。师生之间的交流不是仅有语言一种模式，还有眼神、表情等其他方式，教师在课堂当中要注意自己面部表情的管理，尽可能使用柔和的表情和学生进行沟通，这样不仅能够获得学生积极有效的反馈，也能够使课堂效果得到提升。

除上述因素外，教师还要注意自己的身体语言和自身的穿衣风格对学生所产生的影响。首先，身体语言的作用有时远远超过话语的作用。学生对知识点的理解可能并非来自教师在课堂上的语言讲解，而是教师的一个手势或一个动作。其次，如果教师平时偏好穿着易于吸引人眼球的服装，那么教师很难将学生的注意力集中到课堂当中去。

（2）学生。多模拟课堂由多个部分组成，最重要的组成部分是学生。课堂教学中要想取得满意的教学成果，不仅要有教师对学生的现场教学还要有学生自身对知识的主动探索。学生可以通过眼、耳、手等器官进行信息的收集，然后将收集来的信息进行整理并形成自己的知识体系，最后与教师交流自己所建立的知识体系。课堂教学中，教师和学生之间不应是单一的听与被听的关系，教师和学生要形成有效的交流闭环。这种交流不仅有能体现学生积极回应老师的语言交流，也有学生和教师之间传达语言之外信息的眼神交流。而且，师生之间的眼神交流也是评价一堂课是否成功的关键因素。成功的课堂中，教师从学生的眼神中得到的信息是积极的、正向的，而在失败的课堂中，教师从学生的眼神中得到的信息是消极的、负面的。

为使多模态教学获得更好的成果，教师和学生都需要注意非语言因素所体现的话语意义。对教师来说，教师要注意自身语言和肢体语言的表达。而学生则要主动和教师借助语言或眼神形成有效沟通，让教师及时获得课堂反馈，有利于教师教学活动的改进，促进优质课堂教学成果的形成。

（3）教学内容。教学内容主要包括三部分：教师要教授给学生的知识、教师在课堂中所需掌握的技能以及教师在教学过程中的行为规范。教学内容的传播形式多种多样，但视觉和听觉是主要模态。

计算机技术的发展使 PPT 走进了多模态教学中，而教师在制作 PPT 时所使用的不同样式的字体、多彩的背景以及各式的图片等因素都是在借助视觉模态符号传播教学内容。不同的教学模态有不同的侧重点。在情景教学中，更加强调学生对单词的认识和记忆，所以会常常借助实物去加深学生对知识点的理解。而此时图片和视频的作用相对于实物来说就弱了一些。虽然图片和视频各有优点，例如，图片的直观性和视频的趣味性都能够促进教学目标的实现。但是，如果在课堂中同时使用较多的模态可能会干扰学生的理解，反而会使教学效果向不好的方向发展。听觉模态符号是由教师有感情的讲述、课程内容相关录音的播放、学生针对老师所提问题的发言和讨论等组成。不同模态的听觉符号具有不同的作用，例如，老师有感情的讲述课堂相关内容，能够获得更多同学的注意力，加深学生对课堂内容的理解。学生的发言和讨论既能与老师形成积极互动也促进了同学之间的沟通和交流，使用多种思维学日语。同学习其他语言的学生一样，学习日语的学生也在借助音频材料去提升自己的听力水平和口语水平。

（4）教学媒体。教学过程中存在着教师通过怎样的方式为学生传递信息的问题，而这个方式指的就是教学媒体。多模态教学是以计算机和互联网为技术基础的，要想让学生学好日语，让教师的课堂效果不断提高，那么一定要利用好现代科学技术，例如多媒体教学平台、网络互动平台等。

教学过程就是教学活动的开展，其目的就是让学生不仅掌握教师所讲的知识内容，还能进一步促进学生的身心发展。教学活动的开展要具备以下几个条件：丰富的硬件资源、教师对学生特点的分析与结合以及教师对现有教学条件的借用。

2. 日语多模态课堂的教学过程

日语多模态课程教学可以划分为多个阶段：开始、教学目标、导入、文化背景介绍、课文内容的解读、语言的讲解、课程内容所涉及的主题总结、语言类总结、课后作业以及最后的评价。不同的教学阶段有不同的教学目标，为实现教学目标，教师一定要明确好自己在不同阶段中在自己的角色定位。

3. 多模态在日语课堂中的协同建构

单一的系统符号无法达到表述者的信息传递的目的，所以这就要求表述者在传递信息的过程中将多种系统符号进行结合。新形式的日语课堂已打破传统的单一的语言模态教学壁垒，将多种模态融入进一堂课程之中。老师课堂教学中涉及的模态形式是多样的，具体有六种表现。第一种是教师和学生在课堂当中口头语言的互动，就是口头模态；第二种是视觉模态和听觉模态的融合，主要依靠现代科学技术，通过 PPT 展现出来，形式多样；第三种是教师和学生在进行教学活动时的各类举动；第四种是教师和学生所展现的各种肢体语言；第五种是教师面部展现的不同表情；第六种是教室内各类物品的陈列形式。

在日语的课堂教学中，教师不单是让学生掌握日语相关的知识、提升日语的学习能力，还要规范学生的日常行为。要实现这一目标，离不开各类模态之间的相互配合。以下就是对各类模态之间的相互配合及其意义的论述。

（1）课堂布局影响教学效果。课堂布局中主要包括黑板、教师在课堂中使用的 PPT、课桌、讲台等要素，不同的要素有不同的功能。例如，黑板和 PPT 是教师在教学中的辅助工具用来向学生教授课程内容，讲桌和讲台则是为教师服务的，明确教师的职责、强化教师在教学中的角色。

（2）无论是传统的教学课堂还是创新后的教学课堂都是以教师通过话语向学生输出信息的形式为主。所以，听觉模态在课堂教学中占据主导位置。教师要充分了解其他模态的作用和特点，通过其他模态的辅助，使听觉模态的效果达到最佳水平。

（3）口语模态是日语教学中的主要模态，教师能否将日语学习要点通过话语传递给学生，是影响学生日语能力提升的关键。因此，口语表达清晰准确是教师在日语教学课堂中的基本要求。另外，教师还要注意自己在课堂当中的口语表达节奏。节奏过快，学生可能无法跟上教师的思维，造成知识点的遗漏；节奏过慢，会导致课堂氛围枯燥、乏味，分散学生的注意力，影响学生的听课效果。

（4）影响教学质量的因素有很多。首先是教师在课堂教学中对视觉模态和话语模态的合理使用，教师不能单一的使用其中一种模态，而是要将二者结合起来使他们能够互为补充，以达到帮助学生理解课堂内容的目的。其次是教师对学生的外部展现，这包括教师的着装、表情、在教学过程中的肢体动作等。

（5）教学的要求较高，因为这包含对信息的传递和记忆的要求。日语学习的目的是掌握日语的语言能力，因此对学生学习能力的培养是必不可少的。教师在教学过程中要利用好教学工具，加强学生对教学内容的理解，借助科技手段尽可能地完善教学内容，尽量让学生有身临其境的感觉。

（6）口语交流是提高日语交际水平的最主要方式。通过交流有利于学生理解教师的教学内容，教师才能从学生那里获得反馈，从而改进自己的教学方法。

第三节　多模态话语日语教学模式的构建

一、多模态话语分析理论及教学设备

（一）多模态话语分析理论

多模态话语分析理论，是以提高教学的整体效果为目的，具有以下优点：首先是打破了传统教学的局限性，使教学方式得到创新；其次使学生对知识点的理解更加具体；最后是教学中的语态资源不再是单一的，而是经过整合的，资源更加丰富、立体。在日语教学中，多模态话语的构建使学生在日语学习中的主体地位更明显，课程内容的学习对学生更具吸引力，也为现代课程教育的创新打下了坚实的基础。

（二）多模态的教学设备

教材在多模态教学资源中占据十分重要的地位，所以，在日语课程教学中，仍不能忽视教材的作用。而网络、多媒体的使用主要是用来引导学生学习，在教学中并非占据主导地位。

如今，日语教学使用的教材一般都会配备光盘作为教学资料，光盘可以以图片与文字的形式向学生展示知识，使学生通过感官获得新的知识体验，从而有利于提升学生的日语素养。多模态的日语教学课堂中，日语教师首先要对学生的认知规律进行一定的了解与把握，在做好分析的基础上，设计多媒体教学课件；其次，要保证课件内容有深度和广度；最后，要学会运用丰富的教学形式对教学加以引导。如此一来，教学便能提升学生的学习兴趣，让学生主动参与到学习之中，以保证日语教学效果与质量的有效提升。

二、多模态话语日语教学模式构建的原则

（一）工具原则

实践证明，基于多模态话语的日语教学模式需要教师在教学中运用多种教学工具以辅助教学，从而提升日语教学的效率。运用多样化的教学工具可以增强日语教学的创新性。一方面，日语教学中可以借助多媒体来辅助教学，从而

使日语教学能够运用多样的教学方法去提升学生参与教学活动的积极性。另一方面，日语教学需要在完成教学方法整合的基础上，能够更加科学化地运用教学工具，这就打破了以往的教学模式，有利于促进日语教学的改革并推动日语教学的未来发展。

（二）助手原则

很显然，在整合教学方法的过程中，多模态意味着一种全新的教学模式，运用多模态构建日语教学模式对于教学效果的提升有极大的促进作用。但是对于日语教学来说，这种教学模式更多地体现的是一种助手作用，因而也不能对其过于依赖。坚持助手原则就意味着，在多模态的日语教学中，教师要扮演好引导者的角色，了解学生学习的实际情况，积极整合教学方法并对其加以创新，从而使得多模态话语发挥其在日语教学中的助手价值，切实帮助学生提高学习兴趣，促进学生高效率的学习。

（三）补充原则

多模态日语教学模式构建的补充原则是指日语课程教学的内容可以在多模态教学模式的帮助下实现有益补充。在这种教学模式之下，日语教学将教学的重点集中于学生的发展上，针对学生的学习情况，创设良好的学习环境。与此同时，多模态日语教学模式的构建还能提升日语教学的整体效果，丰富日语教学的内容，对于教育体系的完善与发展也起着积极的促进作用。

三、日语多模态教学模式构建的策略

（一）优化多模态日语课程

随着社会的进步，日语课程教学也迎来了改革，优化课程教学、以多模态话语的形式创设新的日语课程教学模式，可以为学生的日语学习创设一个更具个性化和交互性的教学环境。这样一来，学生的学习兴趣就会更高，日语课程教学也能收获更为多样的教学方法与手段。多模态日语课程的优化可以从两个方面进行。第一，在日语课程中重视提高教师的日语语言文化学习能力。对于日语教师而言，其开展教学之前就应当充分了解多模态的教学环境，丰富语言文化学习能力；在教学实施过程中，教师要选取多样化的教学手段，保证学生在教学课堂中的主体地位，让学生投入学习活动之中并掌握学习的主动权，从而切实实现课程的优化。第二，要让学生深入真实的教学情景中，组织丰富多样的学习活动，建立学习群以促进学生与学生、学生与教师间的交流互动。第三，在日语课程教学中，教师要学会整合与利用教学资源，加强日语实践教学，让日语教学深入社会实践，从而帮助学生提升日语应用能力，在真实的语言环境中培养学生的日语语言思维。

（二）创新多模态教学模式

日语教学中，通过设计多模态教学模块，能够更具针对性地创设辅助化的教学环境，同时要在尊重学生差异的基础上选取恰当的日语教学方法，激发学生学习的主动性与积极性，提升课程教学整合的实际效果，实现教学模式的创新。

首先，要对多模态教学加以引导。日语的多模态教学中，教师发挥引导作用需要提前安排好教学计划，在学习开始之前向学生阐明学习计划，帮助学生在了解学习目标与任务的前提下，做好自身的学习安排。同时，教师要引导学生完成课程所布置的学习任务，并借助多模态的教学方式对学生的学习加以辅助，可以通过图片、文字等形式，也可以借助口头讲解的形式。总之，要选用恰当的教学形式激发学生学习的兴趣，以提升多模态教学的实际效果。

其次，要为日语教学增添数学化的教学手段。日语多模态教学中，可以创设数字化的教学平台来辅助教学，以此来推动日语教学的进程。辅助化教学需要有明确的教学目标，将教学的重点放在课堂教学与课后考察两个方面，加强对学生学习的引导，利用好多模态的教学资源以增强课程教学的个性化，从而实现学生与教师的双向互动与交流，从整体上提升日语教学的价值。与此同时，日语教师和学生还要针对教学的单元主题内容进行整合。一般从以下几个方面入手。第一，要整理教学材料，包括教学所需的教材、课件以及音乐资料等等。教师要发挥好指导作用，在教学中完成数字化教学资源的输入，从而帮助学生阅读材料并完成讨论，学生在辅助化教学的帮助下，能够主动地参与学习，为教学活动的整合与创新提供动力。第二，日语教师要及时对学生的专业能力进行巩固。加强同学生的互动与沟通，从而培养学生在学习中的批判性思维。教师还要利用好多模态移动教学模块，创设良好的数字化教学环境，以丰富多样的辅助教学手段使学生获得更丰富的学习体验，以提升课程教学的整合效果。另外，要创新多模态的教学方法，还需要学生提升自我学习的能力，增强学习的自主性，安排好自己想要学习的内容，要时刻保持参与学习活动的热情。

（三）构建多模态教学效果评价机制

构建日语多模态教学模式需要形成系统性的教学效果评价机制。在这一评价机制的作用下，日语教学可以加强对学生的监督与控制，增强日语课程整合的有效性。在日语课程的反馈评价环节，要发挥日语教学平台的作用，教师可以借助这一平台进行问卷调查。在设置问卷调查的问题时，要保证问题设置的层次性，帮助学生通过问卷调查明确自己的日语学习情况。这种教学反馈能够有效提升学习的实际效果，实现教学方法的整合。多模态教学评价机制的构建能够为学生创造一个良好的学习环境，使学生通过及时的教学反馈加深对课程内容的理解。学生在多模态的日语课堂中观看教学视频，能够调动多种感官，加深对日语知识的理解。学生在整个学习的过程中，能够接触到专业性的日语知识，从而提升学生学习的求知欲与主动性。通过研究可以看出，反馈评价机制的构建对于日语多模态教学效果的提升发挥着十分关键的作用，教师在反馈评价的帮助下能够明确了解学生的学习情况，及时做好教学计划调整，从而保证教学质量与效率的提高。

第四节　日语多模态课堂教学评估体系的构建

一、教学评估体系构建的依据

自多模态话语概念诞生以来，有许多语言学家致力于对该理论进行深入研究。从应用语言学的角度来看，多模态话语已经成为外语语言教学领域研究的热点。

所谓模态，就是一种互动方式，即人类需要借助视觉与听觉等感官同外部环境中的人与物实现互动。模态的类型是根据互动所利用的感官数量来进行分类的，如果互动中运用到三个或者三个以上的感官，就被称为多模态。可见，多模态话语就是指在交际中运用了多种感官，需要借助语言、动作以及声音种种方式来完成交际的表现。

在多模态教学理论中，其提倡以多种模态来调动学习者的多种感官，多模态作用于学生的日语学习中，可以使学生的多种感官实现协同运作，从而帮助学生加深对语言知识的理解，提升学生的语言运用能力，保证交际的实际效果。如今，多模态话语表现模式转变的实现，依靠的是对以往文本模式中技术与研究的不断发展。其中，技术包含了网络技术与多媒体技术，而研究则包含了语料库研究与言语工程研究。当然，当前的语言教学中，多媒体设备已然能够满足教学多模态化的需要。在读写方面，文字读写形式也转变为多模态读写。课堂教学中，无论是教学方法、教材内容还是教学安排等都发生了一定的变化。显而易见，日语教学中多模态教学形式的运用，为日语教学的生动化发展起到了促进作用，而且能够提升语言教学的实际效果。对于多模态话语进行分析，其意义在于，通过分析可以完成语言与其他资源的整合，在语言意义交换的过程中，语言系统的作用能够获得充分展现，同时还能发挥其他符号系统的作用。这样一来，人们就能更加全面、准确地解读话语意义。在实际的课堂教学中，多模态分析研究方法发挥着十分重要的作用。运用这一方法可以对课堂中的互动行为进行深入研究，从而提升文本分析的效果。在外语教学领域，计算机多媒体辅助教学手段已经受到了广泛应用，因此，采用多模态话语教学理论研究方法可以有效为外语教学提供理论保障，使得教师可以在多种教学手段与方法下实现资源的配置，设置不同的教学情境，从而帮助学生深入真实的语言环境，提升日语应用能力。在多模态教学的辅助下，学生能够在生动形象的教学方式的帮助下提升学习的主动性，积极构建口语知识体系，从而使得日语教学的效果能够得到显著提升。

二、教学评估体系构建的原则

（一）保证学习者学习的"意义"

所谓学习者学习的"意义"，主要分为两种，一是语义学意义，即与词汇、语法结构相关，二是语用学意义，内容侧重于交际过程中的情景化。对于这两种意义，学习者都不能忽视，并且尤其要重视语用意义。针对这两种意义，教学中所采用的方法不同。学习与练习语用意义，教师多在教学中运用任务型教学法。教学语用学意义表现在，语言对于教师与学习者来说是一种交际工具，他们的身份是交际者。而实际教学中，要帮助学生感悟语义学意义，教师与学生首先会明确自身在教学中的定位，然后制定正确的教学目标。

在日语教学中，教师在课堂教学中依旧为学生语义学意义的学习安排了大量的教学时间，这是因为使用语言必须掌握语言的语义学意义。与此同时，教师也同样加强了对语用学意义的重视。但这两种意义的学习并不冲突，而是相得益彰。例如，教师在带领学生学习完词汇之后，往往会要求学生利用所学单词组一段话，这样就能将单词放到语境之中，帮助学生提升语用能力。随着语言教学的深入，越来越多的教师开始加强对语用学意义的重视。因此，在课堂教学中，学生汇报时可能在运用方面不是那么准确，但教师将其当作一种交际，因此，在不影响交流和理解的情况下，一般不会刻意地打断学生的汇报。

（二）保证学生掌握大量的惯用语

对于外语学习来说，掌握惯用语或者词块是非常重要的。惯用语是一种词串，能够以整体的形式在记忆中贮存或者提取。一般情况下，与外语学习者相比，本地人对于惯用语的使用更加普遍且常见。教学中，教师往往会要求学生掌握一些词语的固定用法以方便日常交流。在语言学习中，掌握好惯用语对于提升语言学习能力具有重大的帮助。因此，我国的日语教学中，教师大多喜爱运用这种方法来帮助学生提高日语的运用能力。例如，日语课堂上，教师会选取一些文笔优美的短文要求学生进行背诵。这样学生就可以学习到许多的惯用语，将其贮存在记忆中，经过回顾与重复将其由短时记忆变成长时记忆，进而完成知识的内化，从而帮助学生提升日语表达能力。

心理学家认为，人们处理信息可以是在控制下进行的，也可以是自动的，这就有了"自动化"这一概念。而学生的学习就是一个从受控到自动的过程。学生学习的过程中，接收了日语语言知识并完成了自动化的转变，从而形成了自己的惯用表达方式，这样就能提升学生的语言表达能力。

（三）给学生语言输出的机会

语言输出的作用主要表现在，第一，它能使学生加强对语法的重视；第二，它能使已有的知识完成自动化；第三，它能为学生提供机会帮助他们发展语篇技能；第四，它能够帮助学生自由地表述自己的观点。

在课堂教学中，学生的语言输出会受到一定的限制，因此，加强交际的情景化是拓展学生语言输出的最有效办法。教师可以组织一些课堂活动为学生创设一种语言交际的情境，使得学生能够有更多的语言输出的机会。然而实际上，课堂上学生语言输出的效果并没有想象中的那么好，因为有时学生学习的热情并不高涨，这就使得语言输出的成效并不显著。这样看来，要想提升语言输出的效果，最关键的还是要提升学生参与学习的兴趣与积极性。

（四）注重显性知识与隐性知识

隐性知识与显性知识的区别在于，前者是一种程序性的知识，后者是一种陈述性的知识。隐性知识往往存在于人的潜意识之中，而显性知识通常是与第二语言特征相关的知识。在实际的语言教学中，学生掌握了隐性知识就能够进行流利的交流，因此，隐性知识在教学中所发挥的作用尤为关键。而显性知识到隐性知识的转化则需要通过学习者知识的内化来完成。相反，有些学者不认为显性知识能够转化成隐性知识，在他们看来，隐性知识需要从语言环境中才能学会。这就使得有很多学者主张创设真实的语言环境来帮助学生获得隐性知识，而不是通过直接的知识传授。我国的日语课堂上，教师在传授显性知识的同时，还要为学生创设一个真实的日语语言环境，让学生能够切实地感受日语，从而提升语言交际能力，这样学生才能同时获得显性知识与隐性知识，提升日语学习的效果。

三、教学评估体系构建的内容

（一）结合形成性评价与终结性评价

学生学习成绩的好坏不能以学习评价为标准来判断，而是应当借助学习评价推动教学的发展、增强学生学习的兴趣与积极性、培育学生的自学能力。基于多模态的日语教学面临着诸多挑战，因此，需要借助科学有效的学习评价来推动教学的改革。以往的学习评价只对学生做最后的定性评价，而不注重对学生的学习做形成性评价或者激励性评价。学生在这种固定的评价模式中就容易丧失学习的自信心。因此，在日语教学改革中，要改变传统的评价方式，将终结性评价与形成性评价相结合，一方面要测评学生是否能够熟练掌握语言知识，另一方面注重对学生的形成性评价，即关注学生在学习中的发展状态，全方位地对学生的学习情况进行评价，以保证评价的综合性。这种评价方式要求既要关注学生本身，又要重视学生学习的各个环节，从学生学习初期到学生技能考核，每个阶段都应当按照一定的考核标准做出评价。除此之外，形成性评价关注学生的情感发展与态度发展，注重评价策略的完善。借助形成性评价，能够提升学生学习的兴趣，帮助学生养成良好的学习习惯，促进学生学会自主学习。

（二）结合教师评价、学生评价及小组评价

以往的日语课堂教学，缺乏多元化的评价主体，学生评价的来源主要是教师对学生所做的评价，学生完全不占据主动性。而在多模态教学评估体系的构建中，学习评价采用更加多元化的评价方法，不仅仅是教师评价，还添加了学生对自身的评价以及小组成员间的相互评价，这样将三种评价结合起来，从而能够提升评价的实际效果，保证学生能够对自己有充分的认知，从而找出自己的不足之处，实现自身的完善与发展。

（三）注重过程性评价

过程性评价的关键在于在课程实施中对学生进行评价。从价值取向上来看，

其注重目标与过程的双重作用，需要对学习中的非智力因素进行评价。过程性评价具有一定的开放性，主张内外结合的评价方式，注重融合评价过程与教学过程，重视主客体间的互动。因此，在多模态日语教学评估体系建构中，采用过程性评价能够提升学生的学习水平与质量，帮助学生对自己的学习过程进行反思，从而掌握更高的学习方法，实现自身的可持续发展。

（四）评价标准层次化，注重个体差异

以往的评价方式是非动态的，标准也是统一制定的。然而，对于学习日语的学生来说，他们本身的认知能力就有所不同，因此，对知识的接受程度也有所差异。在这样的现实条件下，如果只是用同一标准去要求他们，难免会对学生的身心健康造成不良影响，降低学生学习的积极性。因此，要构建多模态教学评估体系，就要注重评价标准的层次化，坚持以人为本的教学原则，尊重学生个性与心理特征，鼓励学生进行良性竞争，促使每个学生都能获得学习的动力，建立起学习的自信心，从而实现自身的发展。

第三章　日语生态化教学模式

生态化日语课堂教学观念是最近几年提出的一种新的教学观，这种教学理念对于外界环境对日语课堂教学的影响非常重视。生态化日语课堂的教学理念提出，日语课堂是一个由各种不同的可能相互制约，相互依存形成的一个新型的生态教学系统。因此，日语教学要认识和处理这一课堂中的一对对关系，将有助于课堂教学的其他关联的辅助进步，达到教学体系内各个层面的协调与和谐，进而进一步有利于日语课堂教学效果的发展。本章主要对日语生态化教学模式以及构建问题进行了系统论述。

第一节　日语教学的生态特征表现与生态功能

一、日语教学的生态特征表现

（一）生命性

生命性是日语教学生态性的最本质表现。在日语教学的整个过程中，生命性一直都有所体现，生命的音符贯穿了整个教学过程，生命性对于日语教学来说至关重要，缺乏了生命性，日语教学就没有了存在的意义。日语教学的生命性体现在以下几个方面。

首先，在日语教学中，日语教师与学生本身就是生命体，作为教学的主体，他们与客体有着本质的区别，因为他们是有生命的人。

其次，日语教师与学生的存在维系着日语教学活动，教学活动的组织与开展都要依托教师与学生这些生命体。

再者，日语教学关注人性，坚持以人为本，充满了人文关怀。日语教师与学生有着独特的情感。日语教学一方面在教师与学生的智慧碰撞中实现，另一方面需要双方的交流与互动。日语教学始终渗透着人性化的色彩，其不是工具性的，也不是枯燥无味的。

最后，日语教学致力于促进个体生命的发展。日语教学中采取的任何手段与方法都是为了帮助教学主体获得生命发展。

（二）共生性

共生性是存在于自然生态中的一个概念，生物界中，共生关系有两种形式，一是互利共生，二是偏利共生。而在教学生态中，也同样存在共生关系。

共生性的表现之一在于教师与学生的关系。可以看出，在教学中，教师与学生形成了一种互利共生的关系。对于教师而言，通过教学活动，教师能够展现自身的知识与才能，实现并提升生命价值；对于学生来说，这一过程能够帮助他们获得知识与技能，树立正确价值观的同时，还能提升生命质量。而这两个方面是相辅相成、互利共生的。因为教师指导学生获得发展，才能实现自身的价值，同样地学生的发展，需要师生的共同努力。这便是"教学相长"的意义所在。

共生性的另一表现在于学生与学生的关系。学生与学生既竞争又合作，他们形成了互利共生与偏利共生两种关系。在学生的学习过程中，竞争与合作是无可避免的。竞争关系就是一种偏利共生的关系，即双方间，有一方成功，就有一方失败，反之亦然。从某种意义上来说，这种表现为偏利共生的竞争关系并非一件坏事。学生在竞争的激励下，能够积极进取，双方共同进步，又展现出一种互利共生的状态。合作关系就是一种互利共生关系。通过合作学习，学生间拥有了共同的目标，为了实现这一目标，他们不遗余力地为之努力，在交流与互动中实现自身的完善发展。学生们在合作中相互帮助，一起获得知识与技能，他们实现的所有目标都少不了每个人的努力。合作能够使学生间形成凝聚力、共同收获利益。

（三）动态平衡性

生态平衡是一种状态，在生态系统中，生态平衡意味着生物与环境以及生物与生物之间，无论是能量、物质还是信息的传递都是统一、协调的。生态平衡是一种动态的平衡，对于生态平衡的维护不只是要使其保持原有的稳定状态，还需要在人为因素的作用下，构建新的平衡，从而保证获得更好的生态效益。

对于日语教学来说，动态平衡性依旧是其发展中无法忽视的一个重要特性。

第一，在日语课堂上，教师与学生需要参与教学活动，以完成知识与信息的交流。无论是教师还是学生，他们都是教学的主体，因此，他们在交流时就难免会产生矛盾，而解决矛盾、完善教学，就会产生一种平衡状态，实现教师与学生、教学与学习的协调与统一。由此可见，教学正是在这样一种动态平衡中获得新的发展的。

第二，于日语教学课堂本身而言，其本就具有一定的发展性，这种发展的实现就需要借助动态平衡。教学发展的过程就是在不平衡与平衡的循环往复中完成的。正是因为有着不平衡的教学因素，才推动着教学朝着平衡的方向发展。

（四）系统规范性

从自然生态的角度而言，生物链起到了连接不同种生物的作用，整个生态系统中，一直遵循着物竞天择、适者生存的自然规律，正是在这种规则的指引下，生态系统才能在动态平衡中一直平稳地发展下去。

对于日语教学而言，其本身也可以看成是一个系统，这一系统的组成有一定的复杂性，包含了许多复杂因素，但是这些因素是有秩序的，因而能够以一种较为整体且系统化的规范影响着整个教学过程。日语教学中的规范可分为两种，一是有形的规范，即制度规范；另一种是无形的规范，即教学规律规范。

制度规范是有形的，其需要借助一定的教学制度加以表现，这些教学制度能够对教学活动产生一定的约束并保证教学活动的顺利进行。通常情况下，制度规范都是硬性的，教学被固定且明确的条款加以控制。这些明确的规范对日语教学有控制作用，在制度的帮助下，日语教学能够有效完成教学目标并提升教学质量。由此可见，日语教学要想取得最好的教学效果，必须依靠更加科学的教学管理。

教学规律是从教学经验中总结而形成的，其与教学有着密不可分的联系，是教育者在长期的工作中深入教学研究而达成的教学共识，因而，教学规律能够对教学起到决定性的影响。与制度规范相比，教学规律是无形的，但这种无形的规范却一直潜移默化地影响着教育者与学生，是日语教学从始至终坚持的准则。

二、日语教学的生态功能

（一）优化结构

一般来说，传统日语课堂生态具有比较稳定的基本结构，其主要由两部分组成，一部分是课堂生态主题，一部分是课堂生态环境。同时，日语课堂生态还具备比较清晰的营养结构，主要表现为教师是知识的生产者，学生是知识的消费者，课堂环境则在教学过程中充当着媒介的作用。但是，随着社会的进步，师生生态观念也在不断发展，传统教学中的生态系统也被打破。较为明显的表现是教师不再是知识产出的权威，网络、其他学生甚至环境都可以产出知识。学生也不再是被动的学习者，他们可以主动地区体验、发现知识。因此，传统的以教师为中心的课堂结构，正在向师生共建型的新型的生态结构转变，这种转变说明了我们日语教学的生态结构正在不断完善。

（二）调谐关系

师生关系是日语教学活动的重要组成部分，对日语教学质量有重要影响。这种关系是一种动态的、相互依存的，它应该也必须随着课堂教学活动而不断调整和变化。引入生态观念的日语课堂教学，鼓励学生主动参与课堂活动，做积极主动的学习者，在教师的引导下学生应该成为课堂的小主人，成为学习的主人。

鼓励师生之间更加平等的交流沟通，引导师生关系向更加和谐、更加健康的方向发展。

另外，生态理念的引入，让人们更加清楚地认识到，师生之间并不是一种完全的二元对立的状态，在日语生态课堂上，主体间性应该受到重视，学生与教师之间的交流、教师与教师之间的交流以及学生之间的交流都应该是平等的。情感是教学活动的重要因素，适当的情感交流对教学活动会产生积极的影响，因此，在师生关系的建立过程中也应该重视情感的交流，建构一个良性的情感交流的网络。在这个情感交流的网络中，教师和学生都能以一种更好的心理状态投入教学和学习活动中。

（三）生态育人

生态育人是指课堂教学在生态理念的指导下培养人才。在这里我们主要从三个方面进行阐释，第一是教学中的师生要共同成长；第二是教学中师生的成长必须是均衡的、可持续的；第三是育人的手段和方式必须具有生态性和科学性。人是教育的核心对象，所有的教育都应该以育人为根本目标，日语生态课堂当然也不能例外。

第二节　日语生态化教学模式的理论基础

一、生态语言学

生态语言学又叫作语言生态学，是由生态科学和语言学这两个学科相互影响而产生的语言学种类。生态语言学重视对语言与环境的相互关系的研究，倡导从自然生态系统这个大的背景中去研究语言系统，认为语言是整个自然界不可分割的重要组成部分。同时，语言系统从本质上来说也是一个包罗万象的生态系统，它与自然生态系统有着密切的同构关系。生态语言学的出现不仅代表了语言学研究的进步，更体现了人们对人与自然关系的重视。

生态语言学的概念一经提出，就得到了众多学者的关注，他们纷纷运用基础生态学原理对语言学的各个要素进行研究，并取得了以下研究成果：

1. 语言物种属性

语言是人类社会不断发展的产物，人类是唯一具有语言功能的物种，动物之间交流使用的信号是非常简单的，与人类使用的语言有本质的区别。因此，语言是人类所独有的。

2. 语言生态系

语言生态系是一个内容丰富、要素众多的生态系统，它一直与社会环境相互作用，并处于一种动态的平衡中。语言的多样性是语言生态系最为重要的特征，其主要表现为语种的多样性、词汇的多样性以及语用形式的多样性。语言生体系对语言有重要影响，健全的语言生态系可以为语言的健康发展提供重要保障。不同民族的生产方式不同、传统文化不同，在此基础上产生的语言也必定是千差万别的。多种语种的共存，对世界语言的可持续发展和各民族文化的长久流传都是具有积极影响的。要构建平等、健康的世界格局，就要尊重各民族的语言，就要尊重各民族自由使用民族语言的权利。

二、生态哲学

生态哲学就是借用生态系统相应的观点、理念和方法去研究人类社会与人、社会乃至自然环境之间的相互关系及其普遍规律的科学；即对人类社会和自然界或者生存环境的相互作用进行的社会哲学综合研究的科学。生态哲学是借由哲学概念体系和思维方法，融合了生态学的理念和观点，经哲学家们理性的抽象和概括而建构的现代理论体系。生态哲学发源之初，其理论根基应该归咎于"新唯灵论"。"新唯灵论"宣扬宇宙和人的精神统一性，因此，生态哲学其根本是中国古代思想"天人合一"的发展；认同自然界和人类社会的和谐性与完整性。在生态哲学中，人的道德问题占有重要地位。生态哲学的研究对象是包括人在内的一切生物体及其周围事物和生存的自然、社会乃至心理环境，其本质上是与生态相对的"人态环境"或系统；其研究的终极目标是通过对人与"人态环境"之间关系的再思考，阐明人在生态系统中所处的地位，生存的基础、条件，人对其环境的认识及其改造，以及人态环境对人的意义和价值，人对人态环境的责任和义务以及人生的价值和意义等隐藏在生态背后的哲学意蕴。[①] 随着"生命哲学"近些年的发展，生态哲学借鉴了生命哲学的基本理念和研究思路，生态哲学再次得到了学者的关注和关照。

现代意义的生态哲学已从源起之初狭隘的唯心主义哲学演化成为一种包含时代气息、广为世人推崇的新兴哲学模式，并已经形成了一种新的生态学世界观和价值取向。现代生态哲学以人与自然的哲学关系为基本命题，追求人与自然和谐、健康发展的人类目标，最终实现人与社会的可持续发展，因而为世界可持续发展提供理论支持，是可持续发展理论的一种哲学基础。

生态哲学倡导倡导人们用一种整体的、立体的、客观的、动态的眼光去看待所有的事物。生态哲学认为自然世界可以视为一个整体的生命体，把人和人类社会乃至人类每一个人的生存行为都作为生态生命整体的自身运动，突破传统人类社会与自然界二元对立的狭隘视域，真正突破了静止、单一、平面化的人本主义的生存状态，开创了一个开放、多元和立体的生存创生价值观。另外，生态哲学拓展了跨学科的研究方法，弘扬了生态学的整体生态观和生命整体观，成为拓展人类整体思维的新的思维模式，引领学科合作共赢的新思潮。生态哲学彻底摈弃了根深蒂固的、学科性的、领域性的和局部性的传统研究模式，完全消除了陈旧的科学观念和学科意识，把科学研究方法推进到了对世界和人、现实与历史、生命与自然、人与环境水乳相容的整体视域之内。目前，关于生态哲学的研究已经较为成熟，而且已经被运用到了人文社会科学研究的各方面，例如，生态哲学为教育学科提供了一种独特的研究模式，生态哲学在自然学科和社会学科之间搭建起了一个互通有无的桥梁。另外，在国际形势的分析、判断中，在教育决策的制定中都发挥了重要的作用。因此，生态哲学在我国的日语教学活动中也将发挥不可替代的作用，为我国日语教学事业的发展指明一个

---

① 黄远振，陈维振. 中国外语教育：理解与对话——生态哲学视角［M］. 福州：福建教育出版社，2009：5.

新的方向。

三、教育生态学

（一）教育生态系统

教育生态系统，是指一定时空范围内，教育与其他自然和社会生态系统等通过物质循环、信息交换和能量流动所构成的教育生态学单位，是各种存在着关联性的教育生态因子组成的统一整体。教育生态系统的内容主要包括人与人、人与环境两种关系；社会、学校和家庭三种教育环境；心理、环境、政治和经济四种因素；生理、心理、审美、成才和创造五种教育需求。依据构成要素的不同可将教育生态系统分为外部生态系统和内部生态系统。教育外部生态系统主要由政治、经济、文化等复杂的要素构成；教育内部生态系统主要由教师、学生、管理、科研和后勤五个要素构成。教师是教育系统中的主导性因素，是学校开展教育和教学工作的首要前提，因而教育内部系统的五个要素中，教师是教育内部生态系统的核心性资源。

（二）教育生态平衡

贯穿于教育生态学原理的基本思想是生态平衡和生态系统。教育生态系统的平衡与不平衡主要表现在功能、结构及科研、教育的投入与成果、人才的产出三个方面。当来自社会方面一定量的物质、能量、信息输入教育系统后，必然引起教育系统与社会大系统之间一定程度的不平衡，为了达到新的平衡，教育系统应该根据自身的特点及现状协调其内部结构，培养出社会所需人才，再将新的信息反馈给社会，以保持教育生态系统与社会大系统之间的动态稳定。各种教育形式比例的变化也明显地反映了教育生态系统的动态平衡性，因此要保持教育生态系统的稳定，教育多样性是必要条件。

第三节　日语课堂生态失衡与重构

一、日语课堂生态失衡

（一）结构上的失衡

结构是系统能否实现其功能的根本前提，是系统是否协调的内在根据，反映着元素之间的有序性和组织性。随着信息化和网络化的发展，日语课堂生态的环境因子发生了剧烈的变化，现代信息技术的强势介入，使各生态因子之间的结构关系随之发生了变化，主要体现在以下几个方面。

1. 系统组分在构成比重上的失衡现象

这里主要从量变的视角审视课堂生态系统中各个组分所占比重的变化情况，这里的"量变"主要是指程度上的逐渐变化，是相对于根本性的质变而言的。课堂生态作为一个系统，内部的因子是互相作用、互相制约的，因此现代信息技术的使用必然会给其他生态因子带来新的要求。课堂生态系统的结构不应该是静止的，系统的演化需要结构进行适当调整，这种调整首先反应在各个组分的连锁量变上。改革以来，课堂环境中的巨大变化来自信息技术的大量使用，造成信息技术与其他生态因子之间比重的严重失调，最突出的表现是其他生态因子在量变上缺乏与信息技术的同步和协调，很多生态因子的调整变化显得滞后，联动效应迟缓。

现代信息技术的大量使用使课堂生态系统中的环境因子发生显著变化，这时，为了保证系统的稳定，其他课堂生态因子必须做出相应的反应，但是遗憾的是，在这个过程中，很多教师没有及时转变教学观念，提高信息素养，也没有在课堂教学中调整课堂角色和制定信息化课堂管理规章制度等，学生也没有及时改变传统的学习方式，接受新的教学理念，适应新的学习环境。由于这些课堂生态因子没有同步出现相应变化，课堂出现了现代信息技术的大量使用与教师教学理念更新缓慢、学生学习习惯变化缓慢、教师信息水平提高不快、学生信息素养提高不快、教学方法转变缓慢、学生学习自主性不高、课堂气氛依然沉闷、课堂教学依然以教师为中心等情况的不协调。这些不协调的状况严重阻碍了现代信息技术发挥自身应有的功能。

2. 系统组分在交互关系上的失衡现象

课堂生态系统中各组分之间的相互关系是一个网状结构，是纵横交错的。在信息化语境下，系统组分之间交互关系的失谐主要包括教师、学生、教材、教学模式、教室布局、教学内容、教学评估、教学管理与信息技术等因子之间的失谐。如在信息化进程中，教师的目的是大量使用计算机网络等现代信息技术开展网络教学，而学生的目的是高效快速地学好日语，师生的目标与理念存在着交错现象。

在当今信息化时代发展过程中，由于有些教学系统的师生交互功能不健全，导致师生交流不够流畅，同步交流比较困难。并且，一些教师对网络教学的理解存在误区，不仅影响了学生的学业成就，还导致师生之间的交互大幅减少，引起了师生关系失谐。

3. 系统内部在营养结构上的失衡现象

在日语教学信息化进程中，系统内部营养结构的失衡首先表现为部分师生的生态角色异位。具体而言，有些教师作为课堂主讲者的传统生态角色没有弱化，作为消费者和分解者的生态角色没有得到加强，教师的自身成长长期被忽视，从长远角度讲，这对学生和教师两种生态主体都会产生消极影响。对学生来说，他们作为知识生产者的生态角色没有得到加强。目前的日语课堂生态主体还需要进一步更新观念，转变角色，适应新的课堂生态环境的要求。

在信息化进程中，系统内部营养结构的失衡其次表现为输入与输出的失调，即包括输入与输出方式失调、输入与输出内容失调。

（二）功能上的失衡

1. 结构优化功能的失衡现象

系统不同于集合，集合只是一些分散的人或物聚集到一起，系统却是一些元素聚合到一起之后，各个元素之间产生相互作用、相互关联、相互制约的关系。正是这些元素间的相互作用力，牵引着各个元素不断进行自我调适，最终使各个元素达到一定的质和量，与其他系统组分和谐共处，使整个系统进入一种相对稳定、相对平衡的状态。在社会生态系统中，因为生态主体具有很强的能动性，一般会使系统较快地调整到平衡态，反之，就证明系统的结构优化功能明显减弱。

信息化进程中的日语课堂生态出现了结构优化功能的减弱，这可以通过对系统结构的观察予以论证。信息化改革之前的日语课堂生态处于相对平衡的状态，对这种平衡态产生巨大扰动作用的是现代信息技术在外语教学中的大量使用。现代信息技术迅速演化为课堂环境因子中的主导因子，其产生的扰动作用大大超出了系统本身的自组织和自修复能力，其产生的作用力牵引着其他课堂生态主体和课堂环境因子进行自我调节自我改变，这种变化已经持续了好几年，系统内各组分的构成比重仍然处于失谐状态，从系统动荡过程的时间跨度以及系统现在的结构状态加以判断，系统的结构优化功能减弱了，难以自行修复系统内的平衡。

2. 关系调谐功能的失衡现象

日语课堂生态系统的关系调谐功能减弱，可以在目前课堂生态内部出现的各组失谐关系或各组矛盾中得到印证。换一个立足点，这些失谐关系也可描述为：

第一，传统观点与改革理念上的失谐。有不少教师、学生和管理工作者坚持原有的教学观、学习观和价值观，不愿接受新的教学理念，如任务型教学、交互式教学、研究性学习等，导致了各种矛盾的出现，包括教师对学生、学生对教师、教师对课堂环境、学生对课堂环境等的不满。

第二，改革的大力度与现实能力之间的失谐。这次日语信息化教学改革决心大，力度大，面积广，对课堂生态主体提出了很高的信息素养要求，而现实中的部分教师和学生因为各种原因，信息素养不够，导致很多理想与现实的矛盾出现，如学生的自主性与要求有很大差距，教师的信息素养和积极性与要求有很大差距，网络教学系统的设计与理想状态存在差距，教材的编写方式、内容选择与呈现方式与理想存在差距，教学管理的烦琐与原先的期待出现落差等。

第三，输入与输出的失谐。对于教学系统来说，通过设备、软件的购置而输入系统的人力、物力和财力似乎与改革的成效不成比例。对于学生来说，通过课堂和网络系统的日语语言输入和学生实际能力的提高不成正比，过程中间存在大量能力的损耗，如学习各种教学系统和教学规章的时间投入、往返机房开机关机的时间损耗等。

3. 生态育人功能的失衡现象

日语课堂生态的主要功能主要表现在两个方面，一是为我国培养大量的优秀日语人才，二是推进我国日语教学队伍素质的提升。信息技术引入日语教学之后，为日语教学语境的构建提供了便利条件，极大地促进了学生日语听、说能力的发展，这有利于解决我国外语学习中长期存在的"不会说"的现象。近几年来的日语教学改革在解决这方面确实起到了很大的作用，但是课堂生态的育人功能还没有得到充分的发挥，证明系统还未演化到一个新的平衡状态。

二、日语课堂生态重构

（一）注重对生态因子生态位的调整

课堂教学生态中的所有要素，包括教师、学生、教材、教学方法、信息技术、课堂布局、规章制度等都具有各自的生态位。信息技术强势介入外语课堂教学后，逐渐演变成课堂的主导因子，带来了系统内部生态位重叠、生态位分离、生态位特化等问题，影响了系统各组分之间的和谐关系，造成了系统的失衡。要重构日语课堂生态，就必须调整课堂生态因子的生态位。

1. 信息化语境下教师的生态位需要调整

在传统日语课堂中，日语教师是知识的权威，是学生知识获得的主要来源。但是，在日语信息化课堂中，学生通过信息技术也可以成为知识的转化者和生产者，这对教师的权威性有一定的挑战。教师与学生的生态位也在一定程度上出现了重叠，师生关系甚至带上了一定的竞争性与排斥性。例如，有些学生已经借助网络自主学习了课堂上教师要讲的内容，那么他可能就不会那么认真地听教师讲课，甚至有缺勤的情况出现。学生如果在学习过程中遇到一些困难就会通过百度查询答案，也可以咨询一些专业网站，不会像传统教学活动中那样专门向教师请教。这种教师和学生生态位上的重合，要求教师必须摒弃传统的教学方法，积极构建新的教学模式，寻找更加适合自己的生态位。

另外，在信息技术教学中，一部分日语教师还出现了态位特化的现象。传统教师在讲解日语单词的时候，必须要通过查字典、工具书等方法确定该单词的读音、词义，选择合适的例句进行深入的讲解，然后才能去课堂上面对学生。这种传统的备课方式对教师来说很辛苦，但是对其专业素养的提升是大有裨益的。但是在信息技术时代，教师只需要从网络上搜索一下这个单词的相关知识，然后到课堂上复制给学生即可。信息技术时代丰富的资源造成了教师的态位特化，既不利于教师自身的专业成长，也不利于教学活动的顺利开展。

2. 信息化语境下学生的生态位也需要调整

随着外语教学信息化的推进，学生的地位和功能也发生了显著变化，他们不再是知识的被动接受者，而是知识的主动建构者和生命价值的实现者，他们还可能是知识的分解者和生产者。随着以教师为中心的课堂逐步演变为以学生为中心的课堂，学生的角色和地位也必须进行相应调整，学生必须提高主动学习的意识，积极主动地参与各种课堂活动和网络自主学习，并积极主动地和教师建立平等和谐的师生关系。另外，日语教学既要保持适度的竞争，以激发学生的斗志，同时也要通过差异化、个性化培养来规避学生间激烈的竞争。基于信息化的分级教学和个性化教学有助于学生找准各自的生态位，在一定程度上避免同学间因竞争而导致的生态位重叠。

（二）注重对信息化课堂生态功能的恢复

系统的结构和功能是统一存在的，正常的系统功能可以稳定系统的结构，而稳定的结构可以充分发挥系统的功能。系统的内部或外部环境变化会对系统结构产生干扰，甚至会削弱系统的功能引起变异，因此，结构和环境共同影响了系统的功能。日语课堂由信息技术作为主导环境因子，给系统的结构带来了非常大的变动，而系统结构的改变也影响了系统内部的各要素，不仅削弱了促进演化和生态育人的功能，也削弱了课堂生态系统优化结构和调节关系的功能。所以，重新调整系统结构，强化系统功能，优化系统环境，是重新构建日语课堂生态信息化的关键。

要使信息化日语课堂的生态功能得到恢复和平衡，就要充分利用失衡系统的自组织能力。外界环境对系统的控制和影响并不能阻碍系统本身具备的能力。但是，要完成系统的自组织过程需要满足一个前提条件，即这必须是一个远离平衡的开放系统。为了满足系统远离平衡这一条件，需要能量通过外部环境不断地向系统输入，使系统和它的元素处于一个非静态的过程。现代信息技术的应用使日语课堂满足远离平衡的系统这一条件，如要让系统合力，进入相对平衡的状态，就要保证日语教学信息化的多媒体设施投入使用，让信息技术成为这个环境的主导因子，拉动系统其他部分在这个空间里进行移动。

要恢复日语课堂生态功能和实现课堂生态的再平衡需要恢复课堂生态机制。保持和重建理想状态的系统结构和功能是课堂生态机制的主要目标，恢复过程中把调控者设定为课堂生态主体，运用课堂生态系统中一些影响因子的特性，并对这些影响因子进行调控。但是，在运用和调控之前，要先了解这些影响因子的特点和作用方式，采取"认知—调控—获取反馈—再调控"的方法，对相应的影响因子采取措施，并及时反馈系统的调控系统和调控措施。调控措施分为补救和预防两个措施：补救措施作为修正措施，一般在系统失衡之后使用；而预防措施作为规避措施，在系统失衡之前主动使用。要使调控达到预期的目标，就要有调控主体的能力，而这些能力需要通过学习来不断提升。

要恢复信息化课堂生态功能，就要把现代信息技术与日语课堂教学的有机整合作为重点。要实现现代信息技术与日语课堂教学的有机整合，就要把构建师生共建式生态课堂作为目标，把师生的共同成长作为追求，实现生态因子之间的和谐共处，平衡系统的输入与输出，运用混合式教学模式，调整师生的角色定位，创建多元教学评价体系，创新多维课堂的教学方式。当现代信息技术与日语课堂生态实现有效融合时，课堂生态出现了新的结构，这种新的结构通过与环境的交互，充分发挥了调节关系、优化结构和生态育人的功能，而课堂教学与信息技术的结合，为系统内部的失调问题找到了解决方法。

（三）对花盆效应进行有效规避

花盆效应是教学活动中经常出现的现象，只有合理地规避花盆效应，才能更好地完成日语生态化教学活动。对于信息技术带来的便利我们要在日语生态化教学中加以合理应用，以提高日语生态化教学的质量。但我们也应该注意不能过度地依赖信息技术，教师自身素质的提高、和谐的师生关系的构建才是提高教学质量的根本保证。在进行学校硬件化建设时，也没必要采购特别贵的信息化设备，而是要根据自身的实际情况构建一个合适的生态课堂环境。

（四）对互动对话的生态课堂交往进行有效重塑

要想重塑互动对话的生态课堂交往，就应该分析课堂教学交互的属性。以学生为中心，可以从交互对象、参与方式、交互动机、交互力量、交互意愿、交互距离、交互效果等方面对教学交互进行属性分析和分类。重塑互动对话的生态课堂交往，必须采用多样化的交互方式，利用计算机网络等现代信息技术的优势，搭建良好的互动平台，激发学生的主动交互，加强学生与教师、学生、学习媒介和学习资源的直接交互，以外部交互促进内部交互，提高教学交互的正向作用。要在重视直接交互的同时，意识到教师与教师、教师与资源之间的间接交互对学生学习的促进作用。

互动对话的生态课堂的构建，需要激发课堂交往的驱动力，增强师生课堂互动的密切性和活力。

第一，平衡和谐的课堂生态结构是交互对话课堂构建的重要基础。因此，教师要充分发挥现代信息技术的引领作用，想方设法促进课堂生态系统其他组分的同步协变，实现各组分构成比重的再平衡；要正确理解和合理调整课堂生态系统内的营养结构，促进系统内的能量流动和信息流通。在生态课堂中，课堂教学交互更加复杂，作为课堂生态主体的教师和学生，相对于不同的对象，既可能是知识的生产者，也可能是知识的消费者，还可能是知识的分解者，他们在复杂的课堂交互网络中，身兼三重角色。

第二，和谐的物理教学环境也是互动对话课堂构建的重要保障。日语教师制作课件的时候应该注意课件的生动性和直观性，一个图文并茂的课件能极大地激发学生学习日语的兴趣，吸引着学生与教师有更多的交流。学习友好型的网络教学平台作为学生自主学习的好帮手，能很好地为学生的自主学习提供帮助，还能减少学生与学习资源之间的距离，提升学生学习的积极性。此外，教室物理环境装饰的是否合适、座位编排的是否合理都是构建互动对话生态课堂构建的重要因素。

第三，课堂人文环境的构建也是日语互动对话生态课堂构建的关键。这里的课堂人文环境主要指的是和谐的师生关系。师生关系的和谐与亲近能激发学生学习的兴趣，调动学生学习日语的积极性与主动性，也能调动教师的教学热情，使日语教师以更加饱满的教学热情投入工作中。

第四节　日语生态化教学模式的构建

一、构建日语生态化教学环境

从某种程度上说，日语教学的生态化环境与"以学生为中心"的教学环境在本质上是非常相似的，两者都是主张以学生作为日语教学活动的主体，教师不再是教学活动的主人，而是学生学习的引导者，教师的任务是帮助学生更好地完成学习任务。在这种教学环境中，日语教师提出相关的问题，学生通过各种方式对这些问题进行研究，同学之间探讨解决问题的办法，并最终完成学习任务。这种生态化的教学环境，也对学生提出了更高的要求，特别要求学生在学习过程中具备主动性、创造性和独立性。下面就对学生学习的主动性、创造性和独立性这三个关键因素进行具体的分析。

第一，主动性。主动性是指在日语学习过程中，学生发挥自己的主观能动性对其学习动机、学习目的、学习误区、知识盲区等有清楚而全面的认识，并能积极地利用自己的优势，不断克服自身不足。学生积极主动地去学习日语，并在学习过程中不断审视、调整自己的学习行为，是其取得良好的学习效果的重要保障。例如，日语教师可以在特定的学习情境中，引导学生主动探索中日两国文化的差异，并以此加深对跨文化日语学习的理解。这种教学案例就可以激发学生日语学习的主动性。

第二，创造性。创造性主要是指学生能把自己习得的日语知识加以创造性的应用。当学生有一定的日语知识储备之后，可以试着运用这些知识进行日语素材的创作，日语素材的积累对学生日语文本的创作也是大有裨益的。经常在日语教学过程中开展一些开放性的活动，比如日语演讲、日语辩论赛、日语话剧表演等等，都有利于学生主观创造意识的培养，进而有利于学生创造能力的提升。

第三，独立性。独立性要求学生在学习日语的时候必须具备独立思考的能力。在传统的日语教学中，学生对教师有极大的依赖性，学生喜欢了被动地接受知识，大部分学生都不具备独立思考的意识。而独立思考能力正是学生真正会学习的必备条件，因此教师应加强学生独立学习能力的培养。例如，教师可以根据日语学习内容设置各种相关的题目，并把这些题目随机地发给学生，学生需要独立探索解决问题的办法。这种教学方法有利于学生独立思考能力的培养。

二、制订合理的生态教学目标

教学目标是整个日语教学系统中非常重要的环节，直接影响着日语教学的质量。一般来说，教学目标主要包括语言知识目标、学生发展目标以与整体教育目标。语言知识目标主要关注学生语言能力的发展。生态教育理念指导下的日语教学目标主要包括初级阶段的目标和中高级阶段的目标。初级阶段的目标主要是帮助学生掌握语音、语法、语义、语用等基础的日语语言知识，在日常的课堂教学中以及课后作业中教师还应有意识地引导学生对这些基础语言知识进行实际应用，在不断的练习中掌握基本的日语语言规则。中高级阶段的日语教育则可以在初级阶段的基础上融入一些日语专业知识与日语文化知识，以确保学生在习得语言知识的基础上，更好地了解日本的风土人情与价值观念。近年来，我国的语言教学都非常注重文化教学的渗透，在日语生态教学目标的制定中也应该重视文化知识的学习。日语教师可以通过播放电影、展示图片等方式向学生展示日本的文化，并分析中日文化之间的联系与差异，这种文化教学的融入可以培养学生的跨文化交际意识，提升学生的跨文化交际能力，实现学生发展的目的。此外，在教学目标制定的这个过程中都应该注重整体教育目标的渗透，以保证学生的全面发展。

三、采用多样化的生态教学手段

日语生态教学在选择教学手段的时候也一直遵循多样性的原则。

第一，在日语教学中要转换师生角色。

教师和学生是日语教学活动中非常重要的两个角色。在日语生态教学模式中，传统的"教师教，学生听"的教学手段不再适用，而是应当将学生看作平等的生态因子，应该发展他们的主动性和灵活性，发挥他们在日语教学生态系统中的作用。教师和学生都是日语教学系统中的因子，他们之间应该是平等的关系，他们之间的和谐共处是日语生态教学系统正常运行的重要保障。也就是说，在日语生态教学系统中要以学生作为主体，以学生为学习的主人，教师则应承担引导者和组织者的角色。在日语生态教学中模式中，教师需要给学生创设一个具有启发性的学习环境，给学生提供一个合适的自主学习的平台，引导学生独立地去完成学习活动。

第二，教师可充分运用网络资源进行日语生态化教学。日语教师可使用电影、歌曲等网络教学资源为学生构建一个轻松的教学环境，沉浸于这种教学环境中的学生能在潜移默化中习得日语知识。需要特别说明的是，网络为我们提供的海量资源是良莠不齐的，因此日语教师在进行教学内容的选择的时候，要有必要的甄别能力，选取优良的资源进行教学。另外，教师还应该积极地与学生交流，形成一种健康的师生生态关系，以此推动日语生态教学的持久发展。

四、甄选日语生态化教学资源

在生态化的教学理论中，认为教师、学习者、语言以及学习环境之间的关系应当是和谐统一的，如此一来，才能促使学生在理论指导下实现自身的全面发展与完善。而要使日语教学朝着生态化的方向发展，就需要对日语教学资源进行有效整合，选取更加贴合日语教学需要的教学资源。

第一，就是教学资源的实用性。保证日语教学资源的实用性意味着，在教学资源的选择上，要挑选完整度较高的日语学习资料，资料内容要能够全面地对日语知识点进行解读。同时，还要为学生提供不同的知识学习视角以加深学生对日语的理解。选择实用性强的日语教学资源是建立日语生态化课程的前提与基础。

第二，就是教学资源的契合度。教学资源的高契合度意味着其必须能够满足学生日常学习的需要。试想，在日语课堂教学中，如果教师所用的教学资源根本不符合学生学习的现实情况，那么课堂教学的效率就无法获得提升，也就无法真正地创设生态化的教学环境。因此，日语教学在构建生态化教学环境的过程中，必须充分了解学生的学习能力与知识水平，选择与学生学习状况契合度高的教学资源，以保证日语教学的实际效果。

第三，就是教学资源的接受性。在日语教学中，只有教学材料的接受度高，才能保证教学的质量与效果。面对充满趣味性的日语学习资料，学生自然而然地就会产生学习的兴趣，学生的求知欲提高就能够学会自主学习与探究，并更加主动地完成教学任务。基于此，这就要求日语教师要做好教学资源的甄选工作，为原本较为枯燥的日语知识点增添具有趣味性的辅助内容，将复杂知识简单化，减轻学生学习的压力，帮助学生建立自主学习的信心。

综上所述，教学资源的甄选满足以上三个条件就可以发挥教学资源的最大作用，在日语课堂教学中引导学生自主完成学习任务、积极交流与互动，从而提升学生的日语学习能力，形成生态化的教学环境，提升日语生态化教学的实效性。

五、注重教师的生态建设与发展

（一）教师的生态建设

首先，日语生态化教学的实现离不开教师的主导作用。教师主导作用的发挥主要表现在两个方面，一是在日语生态化教学中，教师需要做好教学活动的组织，需要认真选取日语教学的内容；二是教师需要在教学活动中引导学生完成学习任务并学会自主学习。由此可见，教师在日语教学中所发挥的主导作用是不容忽视的。然而，对于教师的主导作用，教师本身还需要形成清晰的认知，要理解"主导"并不意味着教师是教学的"中心"与"主体"，学生在教学中的中心位置仍旧是无可取代的。因此，教师发挥主导作用也需要从学生这个中心出发，如此一来，才能明确教师在日语教学的生态位。

其次，在日语教师生态位的建设中，教师所承担的角色具有多重性，所以需要时不时地进行角色的转换。课前阶段，教师所承担角色是教学内容的生产者与开发者。担当这一角色，需要教师在具备充分的日语知识的同时，以创新性的思维去丰富教学内容，在教学中及时提升自己的知识与技能，保证教学能够跟上时代发展的步伐与学生的思想，从而保证教学效果；课中阶段，教师承担的角色是教学的组织者与培训者。担当这一角色，需要教师加深对学生的了解，善于发现学生的学习潜能，积极引导学生建构自己的知识体系，并在认识学生个性差异的基础上实施针对性教学；课后阶段，教师承担了协助者与资源提供者的角色。教师要具备一定的信息技术能力，能够熟练运用网络及多媒体教学设备进行教学，并指导学生合理选择与利用教学材料。除了以上这些角色之外，教师还可以进行其他角色的转换，例如，实践机会的提供者，教学过程中，教师为学生提供更多的实践机会，要学生由被动学习转为主动学习。

最后，在日语教学的生态化建设中，要采取正确的措施帮助日语教师拓展生态位。在日语教学生态系统中，教师是一种十分关键的因素。在生态化的系统中，教师要始终保持自身的优势，就需要不断地进行学习并提升科研能力。与此同时，教师生态位的拓展还需要其对自己的知识结构加以优化。教师在丰富自身知识的同时，还需要积极投入培训，从新事物与新思想中获得新的教学灵感，从外界环境中吸取更多的有益成分，提升自己教学经验的同时，还要学习先进的信息技术，做好教学资源的开发。如此一来，教师不但实现了自身的发展完善，也推动了日语生态化教学的发展。

（二）教师的生态发展

日语教师的生态化发展需要从日语教师内部出发，激励他们关注自身发展，从内部获得动力。任何生命体都有情感与自我发展的需要，教师也同样如此。从内部驱动来看，教师生态化发展的内部动力源于教师个体生命的需要，这种需要有对物质生活的追求、对自身价值的追求以及对工作胜任感的追求等等。当前社会环境下，无论是生活还是工作，教师都面临着许多压力，这些压力会使教师产生对生活与工作的倦怠感，但是作为一名优秀的教师，不能受这些压力的影响，而应当形成良好的心理素质与抗压能力。在教学中，教师要稳定情绪，避免情绪化教学，以乐观、积极的态度去指导学生学习，同时也要为自身发展创设良好的环境。在知识、信息不断集中的今天，教师要有终身学习的意识并提升自身发展的紧迫性，要积极主动地进行自我提升，在教学中转变观念、及时反思，才能完成生态化发展。除此之外，教师的内部发展动力还需要教师具备自我反思能力。教师自我反思能力所面向的对象有学生、教学行为等等。因而，在日语教学中，教师需要审视、分析自己的教学行为与能力，思考自己的教学策略与方法是否具有可行性。教师的专业发展需要在教师进行教学反思的基础上完成，而日语教学的发展也同样如此。经过科学化的自我反思，教师能够实现自我价值并朝着生态化教学的方向发展。

在日语教学中，实现教师的生态化发展还可以通过构建教师学习共同体来完成。所谓学习共同体，就相当于一个团体，这个团体聚集了学习者与助学者，他们在一起进行学习交流，共享学习资源，共同提升并完成学习任务。因而，学习体成员之间能够相互影响、相互促进。教师处于这样的学习环境中，能够汲取他人的长处与优秀的教学经验，完成自身知识结构的优化，同时还能同学习体成员一起进行讨论，创新教学的方法与手段。如此一来，在学习共同体的影响下，教师不但提升了自身的知识与技能，还共同开发了更多的教学资源，推动了日语教学的进步与发展。除此之外，在教师学习共同体中，共同体成员之间并非只是交流日语知识以及教学方法，他们还会进行情感上的互动，这样一来，就促进了群体文化的产生。教师在共同体的学习中，会不断进行思想观念上的碰撞，经过长时间的交流，在价值观方面就会形成较为相似的认知，这样他们之间的情感性就会得以增强，从而能够推动生态化的发展。

具体而言，教师学习共同体一般是可以自发形成的，当然有时也需要通过学校有计划地组织才能形成。在组织教师学习共同体时，要注重根据一定的标准做好群体分类，以保证学习共同体的多样化。如此一来，无论是何种学科还是不同学校，都可以进行学习共同体的组织，从而帮助教师在合作与竞争中实现自身完善与自我超越。

六、构建多元价值日语教学评价

对于师生的成长发展来说，多元价值的教学评价起着十分关键的作用。日语教学中，多元价值的日语教学评价体系的建立，目的在于促进学生全面、可持续的发展，该日语教学评价体系需要面向多元化的评价对象并具有多元化的评价内容。在多元价值的日语教学评价中，教师也可以作为评价的对象，而学生也能作为评价的管理者，师生之间同样也可以实现互评或者自我评价；教学主体可以选取多元化的评价客体进行评价，由此丰富评价的形式与内容。除此之外，日语教学评价中，要注重对学生进行形成性评价与终结性评价，而不能只简单地采用终结性评价一种方式，这样才能保证评价的客观性与实效性。而对于教师的评价，可以由教师的上一级以及学生共同完成。

第四章　日语混合式教学模式

伴随着时代的发展，传统的课堂教学模式已经无法适应新时代发展的需求。混合式教学走进教学工作者的视野，对于从事日语教学的教师来说，有必要结合日语专业教学实践，对混合式教学模式进行初步探究。

第一节　混合式教学概述

一、混合式教学的内涵及本质

（一）混合式教学的内涵

依托技术，在"教"与"学"过程中进行信息和知识的传递。在进行传递时，对于时间与对象的选择要十分慎重，教学的优化需要借助恰当的技术与技能，这样才能帮助学习者有效提升学习的成效。

显而易见，混合式教学不只是单纯地将在线学习与课堂学习结合起来，而是多方面与多维度的教学融合。这些维度涵盖了许多方面，混合式教学正是在融合多种维度的条件下，实现教学的多样化，提升教学的实际效果。

对于混合式教学而言，其最重要的环节就是要做好教学要素的筛选与组合，通过对教学要素的优化组合，混合式教学能够有效提升教学的质量，促进学生知识与技能的有效提高。

混合式教学可以是一种教学理念，也可以是一种教学策略，它的实施需要借助网络信息化的大环境条件。混合式教学包含多元化的教学理论与方法，创设了良好的教学环境并明确了学习目标，它整合多种教学资源，可以使师生之间实现有效互动，使教学主体在网络中获得更多的有效信息。

综上所述，混合式教学的优势在于涵盖了多样化的教学方法与资源，能够为学习者创设优质的教学环境，借助网络与教学媒介实现在线学习与课堂教学的有机融合，从而能够在理论指导下，帮助师生实现双向互动，进而提升学生自主学习与探究的能力。混合式教学不但完成了在线与课堂的教学融合，而且在充分关注学生中心地位的基础上为学生创设了一个良好的学习氛围，在这种学习环境中，学生学习的质量会获得显著提升。

（二）混合式教学的本质

混合式教学是一种新型的教学模式，它不同于面对面教学与在线教学，有自己本身的特性。以下对混合式教学的本质进行解读。

第一，混合式教学是一种耦合系统，其具有一定的动态关联性。这种动态关联性表现在混合式教学过程中的每一个要素之间都有密切联系且能够相互影响。在混合式教学中，师生双方都能够形成强烈的自我意识，在教学组织与学习中发挥自主性，从而实现共同的教学与学习目标。与此同时，混合式教学可以提供有一定质量的教学信息，从而帮助学生解决学习过程中遇到的问题，保证教学过程能够有序推进。混合式教学结合了面对面教学与在线教学，使二者完成了优势互补，从而提升了教学的效率与质量。

2. 混合式教学是在线教育的扩展与延伸

与以往的在线与网络教学相比，混合式教学与它们有着明显的差别，然而，混合式教学并非是对传统教学模式的取代，而是在一定程度上对其进行了拓展。混合式教学的优势之一就是完成了传统教学与在线教学的整合，对以往教学模式的存在弊端进行了弥补。原本的在线教学，师生之间、学生之间缺乏有效的交流互动，教师无法从与学生的互动交流中获得反馈，从而不能及时为学生提供指导与帮助，进而降低教学的效率，阻碍了教学发展的进程。同样地，由于学生自控能力较差，不能正确地选择与处理信息，所以使得网络教学无法发挥最大的作用，在线教学优势也就无法展现。另外，传统教学组织形式下，很难获得多元化的教学资源，信息的整合度降低就无法丰富教学内容；过于标准化的教学模式未曾关注到学生个性差异，从而限制了学生的个性发展。基于此，要想提升教学的质量与效率，促使学生获得身心的全面发展就必须改变以往的教学模式，对教学模式进行创新发展。

混合式教学模式的出现恰好就弥补了传统教学模式的弊端，它能够对面对面教学与在线教学的优势进行整合，使二者融合产生新的教学组织形式，从而推动教学的发展。大部分情况下，混合式教学都是将面授教学与在线教学进行融合，在教学空间、手段和评价方式的选择上，也从两种教学形式中选取折中的部分。这样一来，保证了教学途径的拓展，又可以有效避免在线教学单一化的弊端。混合式教学模式与传统教学模式的区别在于，其更加注重学生在教学中的主体地位，鼓励学生自主学习与探究，提倡为学生创设问题情境以引发学生主动思考，在评价阶段，更是重视以多元化的评价方式对学生的学习过程进行评价。

3. 混合式教学以激发学习兴趣为关键

激发学生学习的兴趣是混合式教学的重要内容，混合式教学注重通过教学活动的组织与设计提升学生的求知欲，鼓励学生学会自主探索并进行资源、信息的整合，帮助学生树立创新意识并提升创造力。在混合式教学设计的过程中，教师会从学生的个性与兴趣点出发，为教学增添符合学生知识水平与能力的内容，保证学生能够对教学内容产生兴趣，以此促使他们积极主动地参与学习，从而更好地实现混合式教学的最终目标，使学生获得全面成长与发展。

二、混合式教学的基本特点

（一）线上与线下相结合

混合式教学对于线上与线下教学的融合使得网络教学与传统课堂教学真正实现了统一。混合式教学最为显著的意义就是打破了传统线下与线上教学的局限性，从而使得教学的效率得到有效提升。混合式教学借助互联网优势，以技术为支撑完成了有形与无形教学的融合。表面上来看，线上与线下教学有着明显的不同，但实际上这两种教学方式所追求的都是保证有效教学的实现。因而，无论是线上教学还是线下教学，它们的目标都是一致的。将这两种教学形式进行混合，教学的有效性就会更加显著。混合式教学开展的前提是构建教学平台，通过教学平台，混合式教学的各要素才实现了联结。如果不将线上与线下充分融合，那么混合式教学的意义就无从谈起，不但无法实现教学目标，还会给教师与学生带来负担。

（二）多种教学理论相结合

在教育学领域，不存在万能的教学理论，因此，在教学实践中，人们一直致力于探索与开发更加多样化的教学理论与教育规律，以保证教学的有效性。如今，广受认可的教学理论主要从行为主义、认知学、情感以及教学目标等方面展开。当然，无论是哪一种教学理论，都不是完美的，是有其自身的优点与缺点的。例如，在认知主义与行为主义的教学观点中，它的优势是对知识传播与转换十分重视，但是他们对于"教"的关注却大于"学"；而建构主义教学理论中，对于教学设计十分重视，主张构建良好的学习环境，但在"教与学"上的发力却十分均衡。由此可见，教师在选择教学理论时应当从实际出发，选取适合每个阶段的教学理论，保证教学理论与各个时期的教学目标相契合，从而能够更好地发挥主导作用，帮助学生提升学习的积极性与主动性。对于教学理论而言，其中间包含的各个要素一定是相互联系的，这就使得混合式教学策略需要把握住各个因素来提升教学的有效性，以此保证混合式教学策略能够发挥最大的作用。

(三) 教学资源丰富

教学资源的丰富可以通过以下三点来进行分析。

第一，教学资源丰富体现在内容的混合性。随着社会的发展，对于综合性人才的需求日益攀升，因而，学校在进行人才培养时更加注重提升人才的综合性素养。在未来学科发展中，各个学科融合、文理科交融是一种现实趋势。在混合式教学模式中，也存在十分显著的资源内容的混合现象。学生通过混合式教学模式所接收的信息，并非只是从一门学科中整合得来的，而是从系统化的知识体系中融合而成的，这种多学科混合知识的教学内容，更容易帮助学生在学习中学会触类旁通。

第二，教学资源丰富体现在呈现方式的混合。混合式教学模式下，多元化的资源呈现方式是其教学特征之一。这种资源呈现方式遵循了学生的认知规律，能够提升教学的效率与质量。显而易见，传统书本式知识呈现的优势在于学生可以系统性地把握知识，但是知识的传播与利用效率过低；同时，学生只借助课本来学习知识，很难产生学习的兴趣，容易降低学习的积极性。然而，完全抛弃课本的知识呈现方式也是不可取的，在这种情况下，最好的方式就是将传统的书本式知识呈现方式与新型的资源呈现方式相结合，用资源呈现方式来弥补知识呈现方式的不足。如此一来，知识就不再只固定在课本与黑板之上，而是随时随地都能实现传播。这种呈现方式的混合不但能够整合多种资源满足学生的需求，还能促进学生个性化的发展。

第三，教学资源的丰富体现在对资源整体的优化整合上。线上与线下资源的汇集，可以构建起知识系统，然而资源过多并且饱和之后，就会出现质量问题。这时候，对资源进行优化、整合就十分关键。混合式教学模式下，能够对线上与线下教学资源进行整合，避免资源的浪费，从而提升教学的质量，推动教学的顺利进行。

三、实施混合式教学的意义

（一）引入了移动式教学

随着大规模开放式网络课程的普及，人们开始担忧传统教学会被取而代之。事实证明，这种担心是完全没有必要的，因为传统教学仍旧具备网络教学无法代替的优势。一方面，传统教学并没有被抛弃，只是获得了延伸与发展，因为混合式教学将在线教学与离线教学进行了融合，开发出了一种移动式的教学形式。这种教学形式能够打破时间与空间的限制，弥补传统课堂教学的不足。好比，如果高校教师需要参加科研会议无法进行课堂教学但是又担心延误学生的上课时间，这时就可以借助网络提供的教学环境，实现异地的课堂教学。这便是移动式教学的优势，只要有网络支持，教学就不会因为时空限制而被迫中止。另一方面，当学生因特殊原因无法及时参与传统课堂学习时，也可以借助在线学习平台及时补课，这样就不会耽误学生的学习进度。由此可见，混合式教学模式下移动式教学的展开，对于教师的教学与学生的学习都有极大的帮助。

（二）与教育改革趋势相吻合

对于混合式教学模式来说，其重新定义了教与学的关系，并引发了人们新的思考。在教育学领域，教与学的问题一直是教育改革最为关注的问题。单一的教师讲授式教学模式一直是人们认为缺乏实效性的教学形式，而混合式教学模式改变了这种教学形式，将学生置于教学的中心地位，主张教师在教学中发挥主导作用。在混合式教学模式中，教师会采用多元化的教学手段与方法，选取小组合作式教学等多种教学方式对学生学习提供指导与帮助，从而帮助学生提升学习的积极性与主动性，培养学生的创新能力与合作能力。因而，混合式教学模式能够在教育改革中发挥作用。在信息时代背景下，教育改革也需要借助信息技术的力量。而混合式教学模式依托信息技术构建了网络学习平台，实现了线下与线上学习的融合，从而有效提升了教学的实际效果，这显然符合教育改革的趋势。根据研究显示，混合式教学模式在职业教育与培训中的应用也十分广泛，同时在国际范围内也受到了广泛认可，并被应用到高等教育中。由此可见，混合式教学模式拥有良好的潜力，对于促进未来社会的教育改革发挥着关键性的作用。

（三）构建了全新的师生关系

混合式教学模式下，构建了一种全新的师生关系。以往的教学模式中，学生对于教师指导的依赖程度过高，很难独立完成学习，而在混合式教学模式中，师生之间的互动交流增多，互动方式也更加多元化。混合式教学模式仍旧鼓励师生进行面对面的交流互动，但是又增添了网络互动平台的交流方式，这样教师与学生就可以实现线上与线下的两种交流。在网络在线平台的帮助下，学生能够随时随地同教师和学习伙伴进行互动，提出问题、共同讨论，一起获得提升。在中国，大学教师是不需要坐班的，因而学生有问题不一定能随时找到老师。而混合式教学模式恰好能够弥补这一点不足，能够让学生及时在线上获得帮助。与此同时，借助在线平台，教师对学生进行评价与管理的渠道也得以拓展。教师可以通过平台观看学生的学习情况，学生也能够随时查看自己的学习成绩。教师对学生的教学评价可以及时借助平台传递给学生，学生也可以在线提交作业供教师评阅。总而言之，在网络在线学习平台的作用下，可以使师生之间的互动更加频繁，形成和谐、平等的师生关系。除此之外，网络平台的优势还在于能够更好地优化与整合资源，学生可以在平台上获取更多的信息，实现资源共享。借助网络平台积累的各种优质资源都可以用于混合式教学中，进而推动混合式教学的课程建设。

四、实施混合式教学模式的要求

（一）优化要素

对于混合式教学模式而言，其包含众多要素，教学过程中这些要素缺一不可。然而，在混合式教学模式实施过程中，最关键的环节还是对这些要素进行优化整合。完成各要素的优化整合，能够帮助学生获得更好的学习体验。从教学媒体的角度来看，混合式教学在教学媒体的选择与教学策略的设计上与传统教学有着明显的区别。传统教学模式中，选择教学媒体主要考虑的是其能否帮助教师更有效地呈现教学内容，而在混合式教学模式中，选择教学媒体的侧重点则在于是否能够为学生的学习提供更好的支持。因而可以看出，在传统教学中，教学媒体只是一种教学演示工具，目的是为教师教学提供辅助，而混合式教学中，教学媒体所担当的角色显然发生了极大的转变。一直以来，人们对于混合式学习的研究都是集中于信息传递通道上，也就是研究如何更好地组合与选择教学媒体。这就使得混合式教学中的教学媒体不只是一种教学演示工具，而是一种可以方便人们获取信息的渠道。除此之外，混合式教学研究中还需要关注的问题就是如何通过控制线上与线下学习的比例而实现教学模式最为有效的"混合"。正如慕课一样，大部分学者认为慕课只能完成"教书育人"任务中的"教书"任务，而无法真正地实现"育人"。这是因为虽然线上学生能够加强师生、生生之间的互动，却仍旧没有办法同面对面教学产生相当的教学效果。这也是一直以来传统课堂教学无法完全被线上教学取代的原因。因此，结合这一现实情况，人们在实施混合式教学模式的过程中，必须要从多方面进行考虑，把握好模式混合的比例，以保证混合效益的最大化，使教学效果能够获得有效的提升。

（二）提供技术平台支持

研究与实践证明，混合式教学的实现对于信息技术有极大的依赖性。也就是说，混合式教学要在学习支持平台的帮助下才能完成，混合式教学效果是否有效取决于为它提供支持的学习平台是否足够成熟。事实上，在慕课出现之前，人们早就已经开始了对网络课程的开发与探索。只是有些网络线上课程并没有真正走入大众的视野被人们所熟知。好比，高校教师也会为教学录制线上课程，但往往因为技术的限制只是单纯的录像而无法真正引导学生参与其中，教师虽然为学生提供了课程，但却没有教学组织能力，也无法在学生学习之后及时地给予教学评价，因此，这种网络课程并不为对传统教学模式产生很深的影响。随着慕课时代的到来，混合式教学模式也随之诞生，其发展需要借助信息技术以及新的教育理念。由此可见，混合式教学模式是时代的产物，它的有效实施必须依靠成熟的信息技术才能实现。明确了这一点，许多学校就开始借助社会组织支持或者自主开发教学平台。例如，美国的在线教育服务商就开发了一种学习适配技术，可以对学生的学习习惯进行动态分析，从而形成一种适合学生个体的个性化学习体系，帮助学生提升学习的效率。而麻省理工与哈佛大学也曾经共同推出了一种交互式学习平台，这一平台为学生提供了一个在线学习基地，它使线上与线下教学完成了整合，通过对学生在平台上学习产生的数据进行分析而实现教学的及时反馈，从而有效地提升了教学的成效。而如果该平台没有强大的信息技术作为支撑，是无法在世界范围内取得广泛认可的。由此可见，技术支撑确实是混合式教学模式得以有效实施的关键因素。在我国，信息化发展水平上尚不稳定，但也有一些学校联盟做了网络课程的开发与探索，并一直致力于进行信息技术以及课程资源的融合开发。

（三）增强教师能力

目前看来，混合式教学模式实施的过程中存在的显著问题就是缺乏健全的教师培训体系。教师在缺乏完善培训的情况下直接实施教学，就会导致教学的盲目性，降低混合式教学的实际效果。相比于传统教学，混合式教学模式在很多方面都发生了改变，但其最为显著且最根本的改变还在于教学理念的转变上。教学理念产生的显著变化，无论是对于教师还是学生都是一种全新的挑战。第一，在以往的教学模式中，教师都是备课式教学，教学的内容都是固定的。而在混合式教学模式中，线上教学的内容并不在课本之中，因此，学生在学习线上课程之前需要提前对所学内容进行预习。当学生在线上完成了自学之后，会带着学习中的疑惑投入到线下学习之中，这样学生学习的过程就更容易抓住重点，也有利于学生主动思考。教师通过学生的反馈为学生提供指导与帮助，可以帮助学生及时解决学习中的困惑。因此，教学过程中教师要明确自己的职责，要认真钻研教学来为学生答疑解惑，从而提升教学的成效。当然，在教师刚开始运用混合式教学模式之时，难免会存在一定的不适应之处。例如，因为习惯很多教师无法从原本的教授模式中抽离出来，因而产生更多的教学担忧。这就需要教师树立教学的信心，保证自身理论知识的扎实程度，应对教学中突如其来的问题。第二，在线上学习中，需要学生有自主学习的时间，因而教师在设计线上课程内容时要更为仔细，必须对内容加以把握，在保证内容创新能够提升学生学习积极性的同时，还要给学生充足的时间来接受与消化知识。如此一来，才能让学生逐步深入学习，建立学习的信心并提升主动性。第三，教师需要通过分析学生的学习状况及时做好答疑工作，同时还要将线上课程与线下课堂教学相联系，做好教学评价工作。由此可见，混合式教学模式对于教师能力有着很高的要求，教师只有具备扎实的知识与完备的教学能力才能保证混合式教学模式的成功实施。

第二节　混合式教学模式在日语教学中的具体应用

一、混合式教学模式在日语视听说教学中的应用

（一）混合式教学模式在日语视听说教学中应用的机遇

1. 消除时间与空间限制，拓宽教育范畴

在我国，日语视听说教学大多数以课堂教学为主，因此，学生只有固定的学习时间与空间，这显然不利于学生日语应用能力的提升。而在日语视听说教学中融入混合式教学模式可以有效打破学习的时空限制。学生在参与视听说学习过程中，可以不再受以往课堂学习定点定时的限制。在学习地点上，学生无论是在家中、学校还是任何公共场所都可以进行学习，这就使得教学空间得以拓展。在学习时间上，学生借助网络可以随时进行学习，学习的自主性也会有所增强，而且也方便学生调整自己的学习时间。

2. 加强教育深度，提升教学质量

混合式教学的优势在于其能够帮助学生进行更有深度的学习，这种教学模式不只是片面地利用数字化教学资源，也不是毫无创新性的重复翻新以往的教学活动，而是能够利用网络优势丰富教学的内容。在混合式教学模式的帮助下，日语视听说教学能够有效整合海量的教学资源，获取更加多元化的教学内容，并借助互联网平台实现真正的交流，从而能够真正锻炼学生的日语交流能力，让学生能够走出课堂，走进混合式教学模式创设的真实环境中，提升自身的日语视听说能力，深入日语学习的实践之中，以保证日语视听说教学质量的有效提升。

3. 丰富教学形式，提升教学个性

与传统的教学实践相比，混合式教学模式可以获取更为多元化的教育资源，而且有极大的开放性，这种教学形式为开展个性化教学提供了条件，有利于学生个性化的发展。在混合式教学模式的帮助下，学生在日语视听说教学中可以实现个性化学习，对自身学习情况做到充分掌握并结合自身爱好与知识水平合理选择教学资源，从而提升学生参与学习的主动性与积极性。混合教学模式下

的个性化教学并不是只针对学生，而是同样面向教师与学生的。日语视听说教学中，教师采取个性化教学的方式，可以根据学生的互联网学习记录对学生做好针对性评估，从而有效提升日语视听说教学的效率与质量。

（二）混合式教学模式在日语视听说教学中应用的挑战

1. 教学内容过于理论化，学生实际交流能力不足

对于日语视听说教学而言，其目的在于培养学生的视听说技能，帮助学生能够在交流中熟练地使用日语，从而满足社会对日语人才的需求。在我国，原本的混合式日语视听说教学主要集中于课堂之上，教学中多重视知识的传授，而忽略了实践教学，从而使得学生只关注理论知识的学习，而不曾注重实践练习。如果教学一直持续这种模式，学生就无法在真实的环境中进行日语交流，那么所学习的日语知识也就无用武之地。更有甚者，一些从事日语相关工作的学生也会因为缺乏日语交流能力，无法更好地完成工作，从而阻碍他们个人的发展与进步。

2. 知识获取量众多，学生注意力不集中

实践证明，基于混合式教学模式的日语视听说教学容纳了许多丰富的教育资源，对于学生学习材料的选择提供了有力的帮助。然而，随着互联网的发展，众多的信息资源在全球范围内加速流动，面对这些缺乏系统性与整体性的教学资源，学生很容易迷失方向，无法合理选择与利用资源。在这样的现实情况下，学生很难对教学资源加以辨别，从而也难以保持理性去将教学资源进行归类，这就极大降低了他们的逻辑思考能力与分析能力，使其无法巩固所学知识。另外，网络环境有众多的不稳定因素，因而会对学生的学习造成一定的不良影响。网络的多元化与开放性在为学习提供多种信息的同时也存在很多的诱惑，这些诱惑容易分散学生的注意力，降低学生学习的效率与质量。

3. 教师主导作用削弱，师生关系疏远

以往的日语视听说教学，教师需要对学生的学习提供指导与帮助，学生是教学的中心，而基于混合式教学模式的视听说教学，教师对网络的依赖性增强，日语课堂教学中，教师也只是借助视频来展开教学，这就使得教师的角色发生了改变，其从教学的引导者变成了教学的辅导者。这样一来，师生间的互动就日益减少，教师与学生也无法实现共同进步。而教师借助网络进行教学，不同的教师却教授相同的内容，这不但阻碍了教师主导作用的发挥，还是一种教学

浪费。学生无法得到正确的指导，就会造成学习的盲目性。由此可见，混合式教学模式下的日语视听说教学阻碍了师生间的有效互动，教师与学生难以形成和谐、平等的关系，从而不利于学生的全面发展与素质的提升。

（三）混合式教学模式在日语视听说教学中应用的路径

1. 在混合教学模式下加强学生交流实践能力

混合式教学模式改变了以往传统的教学模式，对教学内容加以创新，不再将教学只局限于课堂之中，而是加强对教学实践的重视。日语教学中的视听说教学最为重视实践交流，因为只有在实际的交流学习中，才能切实提高学生的口语能力。而混合式教学模式的优势就在于它可以将理论教学与实践教学完美结合起来，使日语教学实现理论与实践的有机统一。在混合式教学模式的指导下，学生可以完全不受课上、课下的局限，借助互联网实现在线学习，既能获得更多的知识资源，又能实现与其他学习伙伴的交流。混合式教学模式利用互联网为学生们创设了一个真实的日语交流学习环境，学生能够在互联网移动终端上同世界各地的学习者展开语言交流，从而能够切实提高口语水平与语言应用能力。

2. 合理设置互联网教学方式，净化教学环境

混合式教学模式虽然有很多优势，但也并非没有弊端。在日语视听说教学中应用混合式教学模式，可为日语课堂教学提供有益的补充，但这种教学模式尚不能完全脱离课堂。因此，在混合式教学理念的指导下，教师应当进一步完善日语课堂教学的计划，合理配置互联网教学资源，使课堂教学与互联网教学实现有机融合，形成一个统一的教学系统以及良好的教学环境，从而实现真正的混合式教学。在两种教学形式相互影响、相互促进的作用下，完成体日语教学模式的创新，从而保证日语视听说教学的实际效果。

此外，网络环境是一个复杂的环境，网络信息内容丰富，种类繁多，教师要为学生提供一个良好的日语网络学习环境，引导学生辨别信息，并能够从形式多样的信息中甄选出有价值、有意义的信息，真正为学生提供优质的日语视听资源，使学生能够通过这些优质资源的学习不断提高自己的试听能力。

3. 加强师生互动，提高全面素质教育

混合式教学模式与传统教学模式最大的不同就是将线上教学与线下教学相结合。这就要求教师在实际教学中不能只重视线上教学，也不能只重视线下教学，而应该根据实际情况，科学安排线上线下教学的比例和内容，真正发挥线上线下教学的作用。

实际上，混合式教学也是网络教学的一种方式。在这一教学实施过程中，学生必须提高自己独立学习的能力、独立思考能力以及自控能力，不能迷恋网络，误入歧途。

在混合式教学中，教师的角色发生了一定的变化，教师不再是权威者，而是组织者、设计者、引导者。学生也不再只接受教师灌输的知识，而是可以通过网络自主学习、积极探索。因此，教师要充分发挥混合式教学模式在日语视听教学中的优势，科学运用网络技术手段，积极开展交流、互动活动，这对学生兴趣的激发有很大的帮助。

此外，混合式教学的应用，能够充分调动学生学习视听的积极性，能够使学生主动参与到视听混合式学习中，这与素质教育的理念不谋而合。可以说，混合式教学是网络技术发展的必然结果，对素质教育的实施有很大的推动作用。

二、混合式教学模式在日语阅读教学中的应用

（一）课前准备

在课前准备阶段，学生需要做好预习准备。学生在课前通过观看教师制作的视频来学习日语阅读相关的知识。在预习的过程中，学生可以结合预习任务进行预习。例如，阅读材料中文化背景的了解、日语单词的学习、重点句子的解析、文章框架结构的安排等。这些都是学生需要在课前学习应该准备的内容。与此同时，学生还应该注重单词记忆的检测，并将自己在预习中的疑问记录下来。

在课前准备阶段，教师也要充分发挥自己的指导作用，实时跟踪学生学习的动态，发现并总结学生在准备阶段中存在的阅读问题，并对这些问题进行及时纠正。同时，教师还应该根据学生完成任务的情况，及时调整教学方法和教学内容，使其能够满足学生的阅读学习需要。此外，教师还应该合理把握教学内容的难易度，过难或过易都不利于学生的学习。

（二）课堂应用

混合式教学在课堂上的应用也直接影响着混合式教学模式的实施效果。因

此，在日语阅读教学中，教师也应该注重混合式教学模式的课堂应用。

1. 语言知识

语言知识在日语阅读教学中起着基础性作用。如果没有语言知识，就不可能顺利地进行阅读。学生在日语阅读中必须学习和掌握语言知识。在传统教学模式中，教师通常采用灌输的方法讲解语言知识，这些枯燥的语言知识很难激发学生学习的兴趣。而混合式教学模式可以将语言知识制作成图片、视频、音频的形式。教师可以将这些视频、音频、图片在课堂上展示，这样可以将抽象的语言知识具体化、形象化，可以使学生充满兴趣的学习。

总之，日语阅读教学离不开单词、短语、句子等基础知识。如果教师仍采用传统的教学模式来灌输，就会增加学生的烦感，不利于学生的学习和掌握。混合式教学模式为语言知识教学提供了一个新的思路。目前，有很多教师将混合式教学模式应用于语言知识的阅读教学中，并取得很好的效果。

2. 文本难点

日语阅读教学中的文本难点，也是不可忽视的重要内容。文本难点的理解，直接影响着学生学习日语阅读能力。在日语阅读教学中，很多学生都很畏惧有一定难度的文本，甚至都不去做这些方面的练习。久而久之，学生的文本理解能力越来越差，这对学生阅读能力的提升没有任何的帮助。而混合式教学模式可以将一些有难度的文本进行分解，使文本能够直观地展现出来。同时，混合式教学模式还可以模拟情境，让学生在模拟的情境中更加深入地理解文本，这对学生的主动学习、全面理解都是有帮助的。

可以说，混合式教学模式为文本的理解提供了多种方式。学生可以根据自己的需求选择不同的方式进行理解，这样可以解决学生在文本阅读中的难点问题，增强学生日语阅读的信心。

3. 当堂即时演练

学生可以在掌握语言知识和文本难点的基础上进行当堂演练。教师可以根据当堂的教学内容以及学生的实际学习情况，利用混合式教学安排一些练习。通过学生练习的情况，了解学生当堂的学习情况，以便安排下一环节的阅读教学内容。

总之，混合式教学模式是一种传统与网络相结合的教学模式。这种模式不仅要发挥传统教学的作用，还应该发挥网络教学中的作用。混合式教学在日语阅读课堂教学中的应用体现了线上线下结合的特点，对学生日语阅读能力的提升有很大的促进作用。因此，教师应该注重这一模式的课堂应用。

（三）课后延展

传统教学模式在日语阅读教学中发挥着重要的作用。随着信息技术和网络技术的发展，传统教学的弊端也逐渐表现出来。例如，教学理念落后、教学模式单一、教学内容陈旧，这些都影响了日语阅读教学的发展。而混合式教学模式在日语阅读教学中的应用，可以弥补传统教学的缺陷。

在混合式日语阅读教学中，学生可以通过视频进行学习。在课后，学生也可以根据自己的疑问观看视频进行课后延展学习，这样学生就可以将课堂上的问题弄明白，从而为后续的日语阅读学习奠定基础。

（四）课后测试和评价

日语阅读教学结束以后，教师也应该注重评价。在混合式日语阅读教学中，课后评价的方式可以分为线上评价和线下评价。

课后评价可以通过各种阅读习题测试的方式进行开展。教师可以针对每一节课的内容，借助网络平台设计一些小测试，并鼓励学生积极进行测试。待学生测试完成以后，教师要及时对学生的测试情况进行评价，从而使学生能够了解自己的学习情况。

第三节　日语混合式教学模式的构建

一、"互联网+教育"背景下日语混合式教学模式的构建意义

（一）实现智能化教学

"互联网+教育"背景下高校日语混合式课程教学，是将传统课堂与智能化教学有效结合的一种教学模式，能够为学生打造出一个立体化的教学环境，有效激发学生日语学习兴趣。例如，日语教师可以在混合式教学课堂上为学生播放日语相关视频，借此来有效实现情境化教学，有效提高学生日语学习参与的自觉性与主动性；此外，教师也可以在混合式教学课堂上应用线上教学手段来实现同声翻译、线上直播、角色配音等多种教学创新，这样就能让学生在混合

式日语教学课堂上提高自身对于日语知识的把握。

（二）获取海量教学资源

在"互联网+教育"时代背景之下，高校日语混合式课程教学实践在推进的时候，网络上海量且丰富的教学资源也是对日语教学的补充及拓展，其能进一步丰富日语教学课堂、提升日语教学效果。例如，在开展日语教学的时候，日语阅读教学相对而言难度较高，再加上教材内容篇幅较少，学生日语阅读流于表面，可是混合式课程教学模式在应用的时候，学生则可以直接在线上下载难度不一的日语阅读材料来进行阅读与学习，这能有效丰富日语阅读教学材料，提高学生日语积累；或者是直接在网络上下载海量名师日语教学资源，这样就能有效提升日语教学效果。

（三）实现多元信息教学

"互联网+教育"背景下高校日语混合式课程教学，能将云课堂、慕课、项目化教学、微课等多种教学模式有效整合应用于日语教学课堂上，这能在很大程度上丰富日语教学方式，为学生打造出一个生动且高效的日语教学课堂。例如，教师可以在教学过程中利用腾讯课堂、视频会议、共享屏幕直播教学等方式来对学生进行日语教学，这样课程结束之后系统也会自动存入课程教学内容，从而有效形成教学视频，让学生在课下反复学习过程中巩固课上的学习内容。除此之外，教师还可以在线下为学生布置一些项目化的学习任务，要求学生利用网络上传到相关的平台上，这样就能有效节约不必要的线下教学时间，从而真正提升日语教学效果。

二、基于雨课堂的高级日语混合式教学模式

雨课堂是近年来应用最为广泛的教学手段。日语教师也意识到这一教学手段的重要性，并将其融到具体的日语混合式教学中。这一模式不仅重视线上教学，还重视线下教学。为了更具体地分析雨课堂背景下日语教学模式，这里主要以高级日语课程为例进行阐述。

（一）课前预习

高级日语课程在日语教学中的重要性是不言而喻的。这一课程内涵丰富、

知识众多、内容广泛。同时，各种日语知识所涉及的文化也是多种多样的。这些复杂的、多样化的日语知识如果只在课堂上学习，就很难全面掌握，也不利于学生的深入理解和掌握。基于此，教师应该利用当前的信息化教学手段，将一些日语基础知识制作成 PPT 的形式，并将这些内容推动给学生，使学生能够根据自己的学习现状进行选择。学生在学习过程中还可以将自己不会、不懂的地方标记出来，与教师、同学进行交流。

基于雨课堂的混合式教学中有插入视频的选项，教师可以根据学生的学习情况有选择地插入慕课，还可以结合日语教学的需要有选择地插入网络视频。在插入这些不同形式的视频以后，教师可以借助推动工具将这些内容推动给学生，使学生能够系统地学习。同时，在这一混合式教学模式中，学生可以从各种不同的视频中学习日语知识和技能，并在多样化的情境中提高自己的交际能力。

（二）课堂教学

与普通日语课程相比，高级日语课程在内容上更加多样化，在语言结构上也更加复杂。同时，高级日语课程中的口语化语言比较少，主要是一些书面语言。这些都在一定程度上增加了学习高级日语课程的难度。

尽管教师在课堂教学中也组织了很多的教学活动。但是，课堂时间的不足，不能保证每个学生都能参与进去，这不利于学生将日语知识表达出来，不利于提高学生的语言运用能力，也不利于学生的思辨能力。

雨课堂的出现，有利于促进上述教学问题的解决，有利于激发学生学习日语的动机，促进学生将线上学习与线下学习结合在一起。

在雨课堂的影响下，学生可以随时随地观看和学习日语教学 PPT。这一 PPT 的内容与学生在手机上观看的内容是同步的。在观看 PPT 课件的过程中，学生可以在 PPT 上面标记出来。这一动作是同步的，教师可以根据学生的标记，了解学生学习的情况，并以此为据，不断调整日语教学的内容，转变日语教学的方法。

在基于雨课堂的混合式教学模式的学习中，学生可以充分发挥投稿功能的优势，将日语学习中遇到的问题、解决对策、各种实例等发送给老师。教师再根据实际情况进行后续操作。学生在投稿的过程中可以对已学知识进行整合，这样可以加深学生对日语知识的理解，提高学生的日语运用能力。

除此之外，雨课堂还可以实现随堂检测。教师在制作课件的过程中可以根据教学内容插入不同类型的习题，并确保随时发送功能的正常性。在具体教学中，教师可以根据不同难度的内容，向学生手机发送不同的习题。学生可以在手机上接受习题，并认真去做这些习题。在完成习题之后，学生可以提交习题。在提交完成以后，这一习题测试系统可以对学生的情况进行评价。

随着网络技术的发展，雨课堂也在不断发展。基于雨课堂的混合式教学在习题测试方面已经取得了很大的成就。除了单选题和多选题以外，还会涉及主观题。这些多样化的习题测试形式，可以从多个不同的方面对学生的学习情况进行考查，这样教师和学生都可以得到及时反馈。这对教师的教和学生的学都是有利于的。

总之，在课堂教学中，教师可以多设置一些习题，并将这些习题发送给学生。学生通过做这些随堂测试，可以了解自己对课堂教学知识的掌握情况。同时，教师可以从学生的测试结果中知道学生的学习情况，并以此依据进行教学方式和教学内容的调整。

（三）课后复习

雨课堂不仅在课堂教学中发挥作用，还在课后复习中发挥作用。雨课堂中的 PPT 课件和内容不会随着课堂教学的结束而结束，它可以为学生课后的复习提供资源保障。这一 PPT 课件在雨课堂中不会消失。学生可以根据自己在课堂上的学习情况有选择观看 PPT 课件。在观看完课件之后，学生可以针对观看和学习的知识点向教师进行提问。在教师收到学生的提问之后，教师会根据学生的提问内容进行解答。在解答的过程中，教师还可以引导学生一起思考，与学生一起探讨问题，从而得出问题的答案。同时，教师在课后复习阶段还应该利用雨课堂给学生布置复习作业，鼓励学生利用课余时间进行复习，这样就可以为学生复习提供引导，又可以使学生加深对课堂知识的理解，这对日语混合式教学模式的实施是有利的。

此外，教师还可以利用雨课堂提出一些问题，引导学生积极参与这些拓展问题的分析和回答，鼓励学生积极发表自己的观点，这样可以实现观点的共享，也能实现教师、学生之间的交流与互动。

（四）教学评价

在传统的日语教学模式中，教师在教学评价方面仍采用考试评价的方式。

考试的题型也比较固定，通常是听力、阅读理解题、翻译体、作文等，这些题目只能反映学生的某些方面的学习情况，并不能将学生的情况全面反映出来。在考试的基础上，有很多日语教师也融入了平时表现的考核。但由于多种原因，平时成绩的考核并没有真正落到实处，很多时候都是表面功夫，甚至主观色彩比较浓。这种以考试为主的评价方式，不能将学生的综合成绩展现出来，也不能全面地体现学生的学习情况，这也不利于日语教学目标的实现。

　　雨课堂的应用改变了传统的只重结果的评价方式，为日语混合式教学的评价提供了理论指导。课前预习情况、课堂教学情况、课后巩固和复习情况都在雨课堂中记录得很清楚，这是对日常学习的真实反映，也是评价的重要参考。同时，雨课堂中还包含学生的投稿情况、课堂测试情况、交流与讨论情况等，这些真实的教学情况都如实地储存在雨课堂中。教师在对学生进行时可以结合这些数据进行形成性评价，从而保证评价的客观性、科学性。学生也可以结合这些数据进行自我评价，从而使学生自身能够了解自己的学习情况，以便明确日后学习的方向。

　　通过上述分析可以知道，在雨课堂背景下，教师可以按照课前—课堂—课后的混合式教学来开展日语教学，并结合雨课堂中的真实数据进行教学评价，这样可以实现教学评价的科学性。

第五章　日语翻转课堂教学模式

翻转课堂打破了传统教学的束缚，实现了教学的翻转。随着学者们对翻转课堂研究的不断深入，翻转课堂在教育教学中的应用也越来越广泛。日语教师也意识到翻转课堂的重要性，并将翻转课堂这一教学模式融到日语教学中，并取得很好的教学效果。本章主要从翻转课堂的基础知识入手，对日语翻转课堂教学模式的相关问题进行了系统论述。

第一节　翻转课堂概述

一、翻转课堂的内涵

翻转课堂，其实就是将知识传授置于课前，将知识内化置于课堂上，真正实现先学后教。与传统课堂教学相比，翻转课堂的教学理念、教学过程、教学结构等都具有独特的特点，这些特点也促进了翻转课堂在教育教学中的广泛应用。

从教学理念方面来讲，传统课堂教学强调的是集体学习，并不重视学生的特长和个性化发展。翻转课堂这一教学模式十分注重学生的特长和个性化发展，这与传统的集体教学形成了鲜明的对比。

从教学过程方面来讲，传统教学模式与翻转课堂教学模式也存在着一定的差异。众所周知，教学过程主要分为两个过程，即知识传授的过程和知识内化的过程。在传统教学模式中，知识讲授的过程通常发生在课堂教学中，而知识内化的过程通常是在课下完成，学生通过做一些练习，来完成知识的内化。在翻转课堂教学中，知识讲授的过程通常是在课前完成，而知识内化的过程通常是在课堂上完成，具有先学后教的特点。

从教学结构方面来讲，翻转课堂教学通过多种方式对传统教学进行了重构，从而使得不同的环节有着与之相对应的教学结构，这也是传统教学模式无法比拟的。

二、翻转课堂的特征

（一）先学后教

在传统的教学模式中，教师先将知识传递给学生，学生再进行学习。这种传统的教学模式中课堂时间几乎全部被教师的讲授占据，学生对知识的内化吸收只能放在课下。翻转课堂中，学生首先要依据教师录制的微视频进行课前学习，记录不明白的地方，然后再进行课堂授课，授课的关键就是解答学生自主学习中存在的问题、遇到的疑惑。

实际上，先学后教并不是当今教育领域的创新教学思路，这种思路已经经历很长时间的探索，只不过在信息技术飞速发展的社会背景下，其有了更强大的物质基础，学生可以借助网络微视频的方式进行课前自学，而不是传统的导学案，与此相比，翻转课堂提供的先学后教模式优势更为明显。

首先，教学视频呈现出的讲解更为生动，学生的学习兴趣能够得到激发，学习注意力也更为集中；其次，反馈及时，网络传输省时省力，学生在学习中遇到的任何问题都可以通过网络及时与同学或者教师沟通，寻求帮助；再次，教学资料以微视频的形式呈现出来，比以往的纸质资料更易保存，日后查阅起来也更加方便。

（二）师生角色的重新定位

1. 教师角色发生转变

第一，教师不再是知识的传授者，而是学生学习指导者。教师不再是教学的中心，也不再是说一不二的权威者，而是学生学习过程中的引导者。教师的角色发生了很大的变化。尽管如此，并不代表着教师的作用不重要了，而是更加重要了。教师要在教学中发挥自己的指导作用，还应该掌握教学的一些方法，更要关注学生的学习动态。这些都说明了教师在教学中的不可或缺性。

第二，教师扮演着资源开发者和提供者的角色。翻转课堂的有效开展，离不开教学视频的指导。教师要不断开发教学资源，为学生甄选有价值的教学资源，并将这些优质的教学资源融到教学视频中，这样可以为学生提供更多优质的教学资源。资源的开发和提供都是由教师完成的，教师是真真正正的资源开发者和提供者。

总之，翻转课堂教学与传统教学有着本质的不同。教师的角色也发生了改变，无论是资源的开发，还是资源的提供，都离不开教师的支持。教师角色的变化是翻转课堂应用的必然要求。

2. 学生角色发生转变

在传统的教学模式中，学生通常要遵循一定的时间在物理空间中学习，其所扮演的角色是被动者。然而，在翻转课堂教学模式中，教师可以根据自己的时间安排学习，不再受时间和空间的限制。同时，学生还可以有选择地学习内容，也可以自身自己的情况确立学习时间。

学生不再是被动地接受知识，而是作为教学的主体，主动地学习知识。此外，学还可以与教师、同学针对某一问题进行探讨。可以说，翻转课堂的应用，确立了学生的主体地位，使学生成为知识的生产者和传播者。

总之，学生的角色不再是一种被动者的角色，而是主动者、生产者、传播者，这些为学生的发展提供保障。

3. 新型师生关系的建立

众所周知，传统教学中教师和学生之间并不是一种平等的关系。在翻转课堂教学模式中，学生的主体性被彰显出来。学生可以结合自身情况，有选择地观看教学视频。在看完教学视频之后，学生可以与教师进行沟通和交流。学生也可以分享自己的想法，使师生之间能够互动，这对平等的、和谐的新型师生关系形成是十分有利的。

（三）重新建构学习流程

不同的学习流程会产生不同的学习效果，翻转课堂与传统教学的最大区别就在于对学生学习流程的颠覆与重构。一般而言，学生的知识习得包括两个阶段，首先是接收知识，而后是吸收内化知识，接收知识通过教师的课堂讲授实现，吸收内化知识通过自己的课下努力实现。无数的教学实践表明，没有教师与同学的帮助，学生个体课下自主吸收内化知识的能力非常薄弱，这也成为学习效果不佳的直接诱发因素。久而久之，学生的学习热情也逐渐消失。作为信息技术支持下的新型教学模式，翻转课堂对这种弊病明显的学习流程进行了重构，将知识传递放在课前，知识内化吸收放在课堂中，学生在接收知识中遇到的困难可以直接通过网络向教师求助，而吸收内化中存在的问题可以直接与教师进行互动，寻求教师的指导，也可以与其他同学展开交流，进一步促进知识的吸收内化。

（四）对信息技术依赖程度的增强

翻转课堂将学生学习的时间有效拓展至课前与课后，课堂中学生可以直接接受教师的指导与帮助，但在课前的自主学习与课后学习效果的检测中，学生无法与教师展开直接的交流，必须要依靠信息技术完成。

（五）评价方式多元化

传统的教学模式往往只采用单一的评价方式，这一评价方式很难彰显教学的客观性和科学性。而翻转课堂对传统的单一的教学评价进行改革，不断融入教师评价、同行评价、自我评价等多种评价方式，为教学评价提供了多种评价方式。

总之，教学中教学能力、学习能力、合作能力、语言运用能力等的评价都不能只依靠单一评价方式，而是融入各种不同的评价方式，这些评价方式都可以为教学评价提供不同的视角。

（六）复习检测方便快捷

学生在课前通过教学微视频自学，学习的效果如何需要通过检测才能知道，因此，教师在设计教学微视频时，都会在后面紧跟几个与视频内容密切相关的小问题，学生可以通过这些问题明确自己自学的程度。哪些问题回答得不好，就代表着哪部分知识没能掌握，学生可以有针对性地再次观看教学视频。另外，学生对问题的回答情况都被学习平台记录了下来，并在汇总之后供教师阅览，教师可以明确得知学生的自学状况。一段时间之后，学生对哪些知识内容感到生疏，就可以找出相应的教学视频进行观看，这也是复习和巩固知识的一个便利途径。

第二节　日语翻转课堂的教学设计

一、学习任务单的设计

日语翻转课堂教学模式的设计需要将学习任务单考虑在内。学习任务单，在日语教学中可以包含很多的内容。其中，最为重要、最为核心的有两个：第一个是学习目标，第二个是学习任务。

1. 翻转课堂学习目标设计

无论哪种形式的教学，都应该有教学目标。无论哪一专业的学习都应该有学习目标。学习目标与教学目标之间可以相互转化。学习目标，是针对学生而言的，强调的是学生通过学习所要达到的一种状态。实践证明，学习目标能够为学生指明学习的方向，是一种常量的要求。

学习目标的实现是一个复杂的过程，教师应该鼓励学生根据自己日语学习情况进行学习目标的制定。同时，学生的学习要循序渐进，不能急于求成。此外，学生要搜集各种资料，不断学习，为实现学习目标而不断努力。

学习目标并不是随意确立的，而是有着一定的程序。学习目标是建立在教学目标的基础上。教学目标可以从各种教材中挖掘出来。在理解和实现教学目标的基础上，学生可以通过各种不同的手段实现教学目标的转化，最终实现自己的教学目标。需要指出的是，学习目标与教学目标并不是一回事，它们是两个独立的系统，只不过两者之间存在着紧密的联系。

除了学习目标的确立以外，教师还应该引导学生了解学习任务。教师要帮助学生分析学习任务，使学生能够知道通过何种方式来实现何种学习目标。只有明确了学习任务与学习目标之间的联系，才能促进自主学习。

2. 学习任务的设计

学习任务，简单理解就是学生在学习中需要完成的各项不同的工作。学生自主学习的实现，与学习任务的设计有很大的关系。如果学习任务设计得恰当，学生就会积极学习和探讨，这些都可以促进学习任务的完成。因此，学习任务的设计并不是随意的，而需要精心设计。在对学习任务进行设计过程中，教师要满足以下要求。

第一，不能脱离学习目标。

学习目标，强调的是通过各种不同方式的学习，学生应该达到的状态。学生在日语学习中必须了解学习目标，以及学习目标的要求，同时还要了解通过哪种方式来实现学习目标。学习目标的实现与学生的学习任务有着直接的关系。如果学习任务设计得不好，就很难实现学习目标。因此，在对学习任务单进行设计时，教师应该以学习目标为中心，真正实现学习任务单与学习目标相结合。

第二，注重知识点与问题之间的转化。

知识点与问题之间的转化，通常指的是日语教学中的重点知识、难点知识和其他日语知识通过问题的形式展现出来，从而实现知识的有效转化问题。在学习任务单设计时，教师要明确日语教学的知识，并掌握知识转化为不同问题的措施或手段。

大多数日语知识都是枯燥的，很难理解。如果在日语教学中将这些知识以问题的形式展现，就很容易理解和掌握。同时，转化问题便于学生思考和操作，也便于学生全面理解日语。此外，不同的日语知识可以转化为不同的问题。即使是同一知识，不同的人也会提出不同的问题。教师要引导学生多理解，多分析，提高自己举一反三的能力。

第三，注重知识点的全面型和权重。

具体而言，主要强调了两个方面的内容：第一，教师在设计学习任务单的过程中，不能忽视了重点知识、难点知识和特殊知识。也就是说要注重知识点的全面性。第二，注重知识点之间的权重。日语教学中涉及的知识点比较多，很多知识点的理解也比较复杂。教师在设计学任务单时应该将这一问题进行分解，转变为一个个不同的小问题，这样有利于学生对日语知识的理解。

第四，注重相关资源链接的融入。

在设计学习任务单时，教师可以在适当的位置添加一些与内容相关的资源链接，这样可以为学生拓展学习资源，从而促进学生的学习。

第五，注重相关练习的融入。

学生会通过观看教学视频学习一些基础知识。在此基础上，教师可以在任务单设计时融入相关的习题，并鼓励学生及时练习，这样不仅可以帮助学生巩固知识，还可以使学生了解自己的学习情况。

二、翻转课堂学习内容的设计

（一）教师课前导学部分

在这一阶段，教师要注重相关内容、策略、程序等的引导，使学生能够了解学习的内容、目的、任务。这种课前导学的方式，可以使学生提前了解学习的内容，明确学习的目标，确定需要完成的任务，这些都可以为学生下一步的学习奠定基础。

（二）学生课外自学部分

课外自学部分的内容也是教师设计时应该重点考虑的内容。在对这一部分内容进行设计时，教师注意两个方面的问题：第一，注重内容的难易程度。课外自学的内容在难度方面要适宜，不能过难，也不能过易。同时还能够调动学生学习日语的积极性，使学生积极投入到内容的学习中。第二，尽量不要选择一些十分重要的知识点，这样可以减轻学生在课外自学中的压力。即使没有完全理解也不会对重点知识的学习产生干扰。

教师在对学习内容进行设计时可以将一些难以理解的日语内容置于课前的预习中，并鼓励学生积极预习，将预习过程中的疑问记录下来，这样也方便教师的课堂讲解。

（三）教师课堂精讲部分

课堂精讲部分通常涉及的内容是比较重要的内容、有较大难度的内容和延伸拓展的内容。这些内容在一定程度上都存在着一定的难点，需要教师在课堂上对其进行精讲。

因此，教师在对这部分内容进行设计时，应该将这些内容融到教师课堂精讲内容中。教师对一些重要的或难度较大的内容进行系统讲解，可以促进学生的理解，理解这些较难的内容。此外，延伸拓展的内容也需要教师融到课堂的精讲中，这对学生知识的延伸，视野的拓展都是有利的。

（四）课堂师生研究部分

教师要明确师生研究部分的内涵，它强调的是师生利用已有知识对各种问题的研究。这是将知识应用于实践中的具体体现。因此，教师在设计这类教学内容时应该融入各种不同的案例，也可以融入多样化的习题。这样可以及时对学生的掌握情况进行了解，引导学生如何运用已学知识解决实际问题。

三、翻转课堂活动的设计

（一）确定问题

确定问题对翻转课堂活动的实施起着基础性的作用。在传统教学中，活动问题的确定都是由教师决定的。在翻转课堂教学模式中，教师不再是教学的主宰者，他们不能单方面的确定探究问题。在这一过程中，还需要学生的参与。

具体而言，教师提出问题的主要依据是教学的目标、教学任务以及教学内容，综合这些因素，教师可以提出一些针对性问题；学生提出的问题不能是随意的，而是要结合自己预习过程中存在的疑问，也可以结合讨论、互动过程中存在的疑惑。而翻转课堂探究问题的确定要综合教师提出的问题和学生提出的问题，并最终确定需要探究的问题。

（二）合作探究

合作探究也是翻转课堂活动的重要组成部分。教师在翻转课堂教学中可以融入小组协作的方式。教师要遵循异质分配的原则将学生分成不同的小组。分组之后，教师根据每个小组的实际水平给出探究的问题。然后，小组组长代领小组成员进行探究活动。

教师要引导学生主动讨论，勇于提出自己的看法和见解，鼓励与小组内其他同学交流和讨论，使学生能够团结协作、共同探究问题和解决问题。在小组协作探究的过程中，教师也要参与其中，监督学生的行为，及时了解学生在探究过程中的表现，并及时指出学生存在的问题，给予学生正确的指导。

总之，小组协作是通过协作、交流、互动方式来解决探究问题，可以使更多的学生参与到探究问题的讨论中，从而促进日语教学目标的实现。

（三）展示质疑

协作探究之后，每个小组要选出一个代表在课堂上进行发言。小组代表主要讲述本组探究的思路和成果，还可以将探究过程中存在疑问、存在的问题讲述出来。教师要组织全班研讨。教师在这一过程中仍发挥着重要的指导作用。教师要引导学生意识到全班研讨的重要性，激发学生参与全班研讨的欲望，并利用各种不同的手段组织各种不同的研讨活动，从而解决学生存在的疑问。

（四）点拨评价

教师要针对学生的表现点拨评价、归纳总结。对学生表现好的地方，教师要及时给予肯定和表扬，鼓励学生再接再厉；对于学生表现不好的地方，教师要及时指出，引导学生不断改正。在探究过程中，教师不能全盘否认学生的想法，对于学生存在的不完善部分，教师可以采取不同的手段进行补充。

需要指出的是，如果是一些开放性问题，教师不能固定答案，这样会限制学生的思维。教师要综合评价学生在课堂活动中的表现，明确学生的不足，指出学生需要重视的问题。在此基础上，教师要对教学活动进行创新性设计。

（五）达标测评

学生在参与探究问题的过程中不断分析问题、解决问题，并通过小组协作的方式共同探讨，这些都使学生对日语知识和技能有了更加深入的理解，并利用已学知识解决实际问题。在此基础上，教师还应该设计达标测评这一环节，从而对学生的学习情况进行整体测评。

综上所述，教学活动是实施翻转课堂的重要方式。从上述教学活动的设计中，可以知道，教学活动的开展首先就应该确定问题，然后组织学生写作探究，共同解决问题，最后采用各种评价方法进行评价。同时，教师要分配好课堂教学的时间，突出教学的重点问题和难点问题，从而促进翻转课堂的顺利进行。

四、教学评价的设计

日语翻转课堂教学也离不开教学评价设计。因此，教师要重视教学评价设计，并将不同的评价方式融到具体的教学评价设计中。

（一）在线测试

在线测试强调的是利用网络平台对学生的学习情况进行检测。教师可以根据课堂内容设置相应的习题，让学生在学习之后及时进行测试。网络平台能够实时监控学生的测试情况，并将学生的测试结果展示出来。

在日语翻转课堂教学中，教师也应该注重在线测试，并采用各种不同的测试形式，从多个方面对学生的学习情况进行测试。

（二）课堂概念测试

课堂概念测试，主要针对课堂教学中涉及的一些概念进行测试。在测试设计时，测试题目通常为多选题。其题目数量也应该控制在五道题以内。学生可以根据自己的理解情况积极回答问题。

这一测试有利于教师及时了解学生对这些概念、知识理解情况，学生也可以发现自己的不足。这样教师可以根据测试情况调整日语教学的内容，转变日语教学的方式。

需要指出的是，课堂概念测试，面向的是全体学生，注重的是测试的过程，主要是了解学生的学习情况，并不会对学生的表现进行评分。这种测试方式在大班教学中比较常用，并能产生良好的效果。

（三）同伴评价

同伴评价其实就是其他同学对自己的评价。这些同学会根据其日常表现、探讨问题的积极程度、知识掌握情况等进行评价。这种评价可以促进同伴之间的合作学习。

第三节　翻转课堂在日语教学中的应用

一、翻转课堂在日语听力教学中的应用

1. 利用网络平台，丰富听力练习材料

在传统的日语听力教学中，教师通常以教材为主进行设计，缺乏一定的创新性。随着网络技术的发展，翻转课堂作为网络平台的重要表现方式，在日语听力教学中应用十分广泛。教师可以充分发挥翻转课堂这一网络平台的优势，搜集各种各样听力素材和资源。在此基础上，教师还应该根据具体情况对搜集的听力材料进行整理，从而不断丰富日语听力材料的内容。同时，学生还可以根据自己的听力状况，从翻转课堂这一网络平台上选择契合的内容进行听力训练，这样可以有针对性地提高学生的听力水平。

2. 引入自主学习，提倡灵活安排学习

翻转课堂教学突出了学生的主体性地位，以教师为中心的教学模式已经被打破。教师更应该引导学生积极学习，积极思考，自主探究，引导学生结合听力目标，合理安排听力时间，从多个层面进行听力训练。

翻转课堂应用于听力教学中，使学生不再受时间和空间的限制。学生要合理规范时间，将日常生活中的碎片化时间利用起来，进行各种不同的听力训练。众所周知，传统的课堂教学受时间和空间限制，同时，这种教学方式也限制了学生的自主学习。而在翻转课堂教学中，学生可以有针对性地选择听力材料进行听力训练。一些听力成绩比较好的学生，可以根据自己的需求选择一些复杂的、有一定难度的听力材料；一些听力成绩比较差的学生，可以根据自身的现有水平，选择一些比较简单的听力材料，如果听不懂，就应该反复听。在这种反复的训练中，学生的听力水平会不断提高。

总之，在翻转课堂听力教学中，学生可以自主学习听力，自主安排自己的听力时间，这样有利于学生的针对性学习，有利于学生的个性化发展。

3. 适应学生思维，激发听力学习兴趣

由于各种因素的影响，学生在听力水平方面存在着很大的差异。不同的学生对同一听力材料的兴趣、看法都不尽相同。因此，教师要了解每个学生的兴趣和思维方式，为学生提供不同的听力材料，这样可以有针对性地提高学生的学习兴趣。翻转课堂是一种信息化的教学手段，它包含丰富的内容和形式。教

师可以利用翻转课堂的优势，结合当今时代的热点话题，给学生提供不同主题的听力视频，从而满足学生的不同听力需求。学生也可以根据自己的听力状况，选择契合自己的听力材料，这样可以使学生充满兴趣地进行听力训练，还可以提高日语听力能力。

二、翻转课堂在日语口语教学中的应用

1. 构建学生情境认知

无论是日语口语训练，还是其他形式的口语训练，都需要一个好的情境。因此，教师在日语口语教学中应该注重情境认知的构建。

其一，保证情境建构的真实性。真实的情境可以使学生获得真实的体验，促进口语表达能力的提升。在实际日语口语教学中，物理环境是真实存在的，它能够使学生真实地展示自己，从而不断提高自己的口语水平。

其二，注重支架的提供。教师在制作口语教学视频时要注重情境的真实性，同时还应该为学生提供支架支持。这种支架和真实的情境有利于学生理解和探索日语知识。此外，教师还应该为学生提供指导策略，使学生不偏离学生的方向。

2. 鼓励阅读日语书刊

教师应该在明确日语教学目标的基础上，为学生提供大量的日语书籍和包干，鼓励学生阅读这些书籍，学习这些日语书籍中语言表达，从而不断为自己的日语口语表达提供保障。

同时，教师还应该鼓励学生与他人进行交换阅读。在这一过程中，学生可以将自己的想法表达出来。此外，学生还可以针对日语书籍中的问题进行探讨，这样促进可以解决问题，还可以提高学生的口语表达能力。

3. 课后归纳与反思

在翻转课堂教学的影响下，学生经过课前预习和课堂讨论之后，已经对日语口语知识有了一定的理解。在课后，教师要鼓励学生进行归纳和总结。特别是一些难以理解的知识点，更应该在课后及时归纳、总结和巩固，从而使学生更加深入的理解日语口语知识，为日语口语的表达和运用奠定基础。

除此之外，教师也应该重视课后总结。在总结的过程中，教师要结合学生的实际学习情况以及教学内容、教学目标进行评价，并对教学视频存在的不足进行改正，对教学视频中缺乏的内容进行补充，从而不断提高视频的质量，为学生提供优质的教学视频，这对日语口语教学效果的提升有着重要的促进作用。

三、翻转课堂在日语阅读教学中的应用

1. 注重个性化日语阅读

不同的学生有着不同阅读习惯和阅读方法。即使对于同一篇日语阅读材料，不同的学生也有着不同的见解。这就说明学生与学生之间存在着一定的差异。传统的日语阅读教学忽视了学生的这种阅读差异。在传统日语阅读教学中，教师仍采用千篇一律的阅读内容，没有突出学生的个体差异，这对学生的个性化发展是不利的。而翻转课堂在日语阅读教学中的应用，促进了学生的个性化发展。具体而言，在翻转课堂教学中，教师注重学生的差异性，并根据学生的阅读差异，提供不同的阅读材料，这样可以满足学生的不同阅读需求，这对学生个性化阅读能力的培养具有很大的帮助。

为了促进翻转课堂在日语阅读教学中的应用，教师应该注重个性化阅读，并结合学生的实际学习情况，采取不同策略。

其一，注重因材施教。教师要充分了解学生的学习特点、学习兴趣和学习风格，并以此为依据，为学生提供各种不同的阅读材料，真正促进因材施教的落实。

其二，注重自主学习。在日语翻转课堂阅读教学中，学生的自主学习能力依然起着重要的作用。教师要教给学生查阅工具的方法，寻找资料的技巧，引导学生主动阅读，自主思考。

2. 教师引导学生参与日语互动教学

在翻转课堂日语阅读教学中，教师要结合学生的学习需求，组织各种不同的互动活动。例如，教师可以将学生喜欢的电影内容融到日语阅读教学视频中，使电影内容与阅读教学内容有机结合，这样可以利用学生对电影的兴趣更加深入地阅读教学的内容，从而使学生与教师、同学进行交流和互动。而在这种互动式教学中，学生加深了日语阅读知识的认识，这对学生阅读理解能力的提升是有帮助的。

3. 增强课外阅读

语言的学习是一个长期的过程。日语的学习也是如此。如果学生只依靠课堂来提高自己的阅读理解能力，就很难取得好的效果。这就要求学生要合理安排课下时间，利用翻转课堂的优势，不断进行课外阅读。

学生可以从视频中选择一些自己感兴趣、符合自己阅读需求的文章进行阅读。这样学生可以学习符号自己阅读情况的材料，也可以在阅读中提高自己的阅读能力、理解能力。

在当今时代，日语教学不断改革和创新。翻转课堂为学生的课外阅读带来了很多机遇，也提供了很多便利。教师更应该引导学生借助翻转课堂，结合自己的阅读水平，主动选择优质阅读资料，积极参加特色的阅读实践活动，从而不断提高自己的阅读水平。

四、翻转课堂在日语写作教学中的应用

1. "经典日语模仿"写作

模仿是日语写作教学最为常见的方法。一些经典的日语范文，可以为学生提供有益借鉴。学生通过模仿经典范文的形式进行日语写作，有利于提高句子的规范性，有利于提高日语篇章结构的完整性，还有利于提高日语作文的逻辑性。因此，教师应该多为学生提供经典的日语范文，引导学生从句子、段落、篇章结构等分析日语范文，总结范文的句式特点，篇章局部，这些都可以为自己的日语写作提供借鉴。

2. 合理利用批改网

批改网，强调的是对学生作文进行在线自动批改。这一系统的运用不仅需要语言处理技术的支持，还需要语料库技术的支持。在批改过程中，这一系统主要以语料库为标准，对学生的作文进行评价，同时会根据学生的作文情况给出相应的分数，针对学生作文中存在的不足提出一些合理化意见。

教师在日语写作教学中应该重视对学生作文的批改。如果不重视，教师就无法了解学生的真实作文水平，学生也不能了解自己真实的写作能力。因此，教师在日语翻转课堂写作教学中应用批改网，将学生的作文上传到这一系统中，从而对学生的作文进行客观、公正的评价，从而指出学生写作中的不足，并引导学生进行改正。

五、翻转课堂在日语翻译教学中的应用

1. 优化教学手段

翻译知识的复杂和枯燥性，很难将学生的积极性调动起来。同时，很多教师仍采用传统的翻译教学模式，这在很大程度上降低了学生学习的兴趣，阻碍了日语翻译教学的发展。基于此，教师要改变教学方式，不断对教学手段进行革新和优化。翻转课堂教学具有传统教学不具有的优势，因此，教师可以在日语翻译教学中运用翻转课堂，这样可以大大提高学生学习日语翻译的热情。

词汇和语法是日语翻译学习的基础。教师可以将重点词汇和语法制作成教学视频，让学生通过观看教学视频的方式学习词汇和语法的基础知识。如果词

汇和语法难度比较大，教师可以创设一些教学情境，帮助学生理解和记忆，在课堂上，学生可以提出在课前学习中遇到的翻译问题。教师可以引导学生积极思考和讨论。同时，教师还可以讲解一些日语翻译的策略和技巧，使学生在掌握日语翻译知识的基础上学会运用技巧进行日语翻译。

2. 运用课外时间，引导学生展开高强度日语翻译训练

学生学习日语翻译时也不能仅依靠课堂时间，还必须合理安排课外时间。教师可以充分发挥翻转课堂教学的优势，引导学生通过翻转课堂进行实践训练，并对学生的实践训练进行评价，使学生能够从各种不同的实践训练中掌握日语翻译的基础，提高日语翻译能力。

3. 创新教学观念，积极开展深层次翻转课堂教学模式

翻转课堂的应用可以弥补日语翻译教学的不足。在翻转课堂应用过程中，教师不能再沉迷于传统的日语翻译教学中，而应该不断更新教学观念，积极转变当自身角色，以学生为中心开展日语翻译教学。同时，教师要意识到针对性教学的重要性，并结合学生的翻译状况，融入一些针对性教学策略，真正将针对性教学理念与学生的实际情况相结合。此外，教师还应该在翻转课堂应用的过程中融入趣味性理念，增加图片和视频的趣味性，从而将学生学习日语翻译的兴趣调动起来，这样会得到事半功倍的教学效果。

第四节　日语翻转课堂教学模式的构建与实施

一、日语翻转课堂教学模式的构建

（一）日语翻转课堂教学模式构建的必要性

1. 是双能协同、知行合一人才培养的需求

随着跨文化交际的发展，社会对日语人才的要求也越来越多。单一化的日语人才已经不能满足当今社会发展的需要。因此，学校要改变单一的日语人才培养模式，注重双能协同、知行合一的日语人才的培养。这种人才是当前日语教学人才培养的目标，强调的是教师不仅重视日语知识的讲解，还要注重日语能力的讲解。要想实现这一人才培养目标，单靠传统的日语教学模式是不行的，还需要一些新的教学模式融入。翻转课堂教学模式是一种新的教学模式，它融入了新的教学理念和方法，能够促进双能协调、知行合一人才的培养。因此，

日语教学中融入翻转课堂教学模式势在必行。

2. 提升学生自主学习能力

传统教学模式在日语教学的发展中起着重要的作用。但不可否认的是，也存在着一些问题。传统教学模式忽视了学生的主体地位。教师在实施这一模式的过程中采用的也是一些灌输式的教学方法，忽略了学生自主学习和个性发展。久而久之，学生就会对日语学习失去主动性和积极性，这对日语学习是不利的。

而翻转课堂教学模式可以弥补传统教学模式的不足，它确立了学生的主体性地位。同时，在翻转课堂教学模式中，教师不再是知识的权威者，而是引导者和设计者。教师可以鼓励学生在课下预习知识和内容，在课堂上提出疑问并探讨，这样有利于学生更好地解决问题。可以说，翻转课堂教学模式改变了教学方式，改变了师生角色。更为重要的是，能够促进学生自主学习能力的提升。这也是翻转课堂教学模式在日语教学中实施重要原因。

3. 培养学生团结协作能力的需求

日语教学的最终目的就是为日企输送大量的日语人才。团队协作能力是日企所重视的能力之一。而现实社会中很多日语专业毕业生的团结协作能力都有待加强。这就要求教师在日语教学中应该重视这一能力的培养，从而不断提高学生团结协作能力。

翻转课堂教学模式注重教师与学生、学生与学生之间的交流与互动，注重学生与同学、教师共同讨论问题，共同寻找问题的答案。在这一过程中，学生的团结协作能力会不断提高。可以说，翻转课堂教学模式可以满足社会对日语人才团结协作能力的需求，也能适应教育改革的需要。

4. 数字化时代的基本需求

随着大数据技术的发展，数字化时代已经来临。数字化时代对日语人才也提出了更高的要求。学生应该提升数字素养、信息素养、批判思维能力。而翻转课堂教学模式的应用可以满足数字化时代的要求。可以说，日语教学中构建翻转课堂教学模式是一种必然趋势。

（二）日语翻转课堂教学模式构建的原则

1. 操作性原则

日语翻转课堂教学模式的建构要遵循操作性原则。操作性原则，强调的是模式建构要具有实用性，要能够满足教学实践的需要。如果日语翻转课堂教学模式不能满足操作性原则，即使建构的再完善，也变得毫无意义。因此，教师在建构翻转课堂教学模式时应该注重教学手段、教学步骤、教学设计等的操作性，不能脱离教学的实际情况。

2. 双主性原则

在这一教学模式建构过程中，教师还应该遵循双主性原则。这一原则主要是针对教师和学生而言的，强调的是教师的主导性和学生的主体性。

具体而言，教师在翻转课堂教学模式建构的过程中要改变权威者的角色，注重主导者、引导者角色的发挥，不断引导学生学习和探讨日语。同时，教师不能只灌输知识，而是要结合学生的学习情况，突出学生的主体性，注重学生的全面发展和个性发展。

总之，翻转课堂教学模式不同于传统的教学模式，它改变了教师和学生的角色，体现了学生的主体性。教师在建构模式的原则中应该以学生为中心，充分发挥自己的指导作用，从而不断提高日语教学的效果。

3. 复现性原则

日语教学的重要目的之一是促进学生知识的内化。翻转课堂教学模式的构建能够促进学生对知识内化的程度。

对于每个学生而言，都会有遗忘的经历。在学习一个知识点以后，如果不进行巩固和复习，就很容易将这个知识点遗忘。因此，在构建翻转课堂教学模式的过程中，教师要遵循复现性原则。也就是说，教师要将知识、技能复现出来，这样有利于学生重复学习和记忆。

总之，学生在学习日语知识和技能的过程中需要重复学习。这就要求翻转课堂教学模式的建构要注重各种知识和技能的复现。这样，学生可以在具体的学习中发现自己的不足，并不断学习和巩固，这对学生完整的、系统的建构知识是有利的。

4. 发展性原则

翻转课堂教学模式的建构并不是一成不变的，而是可以调整和变化的。在教育改革的影响下，翻转课堂教学模式也应该遵循发展性原则，这样才能适应当今时代的发展。发展性原则，主要涉及以下两个方面的内容。

第一，学生能力发展。在教学中，学生需要具备多个方面的能力。这里主要涉及学生的自主学习能力和合作学习能力。在翻转课堂教学模式建构过程中，教师要注重学生这些能力的发展，从而促进学生综合能力的发展。

第二，模式内容发展。翻转课堂教学模式是随着信息技术不断发展的结果。其内容也不是静止不变的，而是具有发展性和开放性。因此，教师在建构翻转课堂教学模式时应该结合时代的发展，不断诸如新的教学内容，从而促进翻转课堂教学模式的发展。

（三）日语翻转课堂教学模式构建的过程

翻转课堂教学模式在日语教学中的构建，并不是随意的，而是有着一定的过程，即按照课前—课堂—课后三个过程进行建构。了解翻转课堂教学模式构建的过程，对日语教学中翻转课堂教学模式的实施具有十分重要的意义。

1. 课前自主学习活动

翻转课堂教学模式与传统教学模式有着很大的不同。在翻转课堂教学模式建构的过程中，教师鼓励学生课下预习日语的相关知识。学生在课下主要通过教学视频进行预习。这就对教学视频的质量提出了更高的要求。教师要根据实际情况，结合当今教育改革研究的最新成果，有针对性地制作视频。

在课前，学生是自主观看教学视频，自主学习，自主思考，将不会的知识或重难点标记出来，等到课堂上提出来与教师和学生探讨。由此可见，课前阶段是学生自主学习的阶段。在这一阶段，学生的自主学习能力可以得到有效提升。

需要指出的是，学生自主学习能力的提升与教学视频有着直接的关系。优秀的教学视频有利于激发学生学习的兴趣，有利于提高学生的专注力，更有利于提高学生的自主学习能力。这就要求教师在制作教学视频的过程中，要借助信息化平台，挖掘有价值的教学资源，并将其融到教学视频的制作中。同时，教师在制作教学视频的过程中不能脱离日语教学的目标和教材，也不能偏离学生学习情况，一定要从实际情况入手进行教学视频的制作。

通常情况下，教师在制作视频的过程中要甄选内容，抓住日语教学的重点和难点。在具体制作视频的过程中，教师还应该掌握视频制作的工具和技巧，并利用相关工具将教学内容融到教学视频中。同时，教师还应该注意教学视频的长度，最好不要超过 10 分钟。这就要求教师要把握教学内容，对教学内容进行精简，真正将日语的重点知识和难点知识融到短视频中。此外，教师还应该注重视频内容的趣味性和启发性，这样学生才能充满兴趣地进行学习和思考。

2. 课堂教学活动的开展

由于翻转课堂将基础知识学习放在了课下，所以课堂教学中就有充满的时间进行讨论。在课堂上，学生会将在课前学习中遇到的问题或重难点提出来进行讨论。教师可以根据本节课日语教学的内容和学生的实际情况，组织各种不同形式的教学活动。可见，翻转课堂教学模式对教师的能力也提出了更高的要求。教师只有不断学习，不断提高教学综合能力，才能更好地建构翻转课堂教学模式。同时，在多样化的教学活动的影响下，学生可以更加深入地理解日语知识，从而日语知识的灵活应用奠定基础。除此之外，教师还可以针对本节课的教学内容设计多样化的学习任务。为了更好地完成学习任务，学生会更加积极地思考和探究，这对学生独立探究能力和自主思考能力的提升是有帮助的。

总之，在翻转课堂教学模式构建中，教师要明确课堂教学的目的，意识到教学活动在翻转课堂教学中的重要性，并根据教学目标，开展不同形式的教学活动，真正使学生能够在教学活动中交流、互动。

3. 课后课堂教学活动的开展

翻转课堂教学模式的构建离不开课后课堂教学活动。日语属于语言研究的范畴。语言学习的最终目的是应用于实践。日语也不例外。因此，教师在建构翻转课堂教学模式过程中应该创设真实的语言交际环境，多开展一些课后教学活动，引导学生积极参与这些教学活动，将日语知识应用到真实情境中，并在真实情境的交流中提高自己的语言应用能力和自主学习能力。

总之，课堂时间是有限的，学生还需要利用课后时间进行学习。教师也应该重视课后教学活动的开展。多样化的课后教学活动可以为学生课后的交流、互动提供保障。因此，在建构翻转课堂教学模式过程中，教师不仅要注重课前教学视频的制作，还要注重课堂教学活动的开展。同时，还应该重视课后教学活动的开展，这样才能更好地构建翻转课堂教学模式。

二、日语翻转课堂教学模式的实施

（一）日语翻转课堂教学模式实施的关键要素

1. 学习环境

众所周知，翻转课堂是一种课前学习、课中互动讨论的新模式。学生需要在课前观看视频，学习知识。这就教师的自主学习能力、自控能力、集中注意力等提出了更高的要求。要想使学生能够集中精力地在课前观看视频，就应该为学生营造良好的日语学习环境。

高校日语翻转课堂教学模式的实施，离不开学习环境的支持。良好的学习环境有利于激发学生学习的兴趣，有利于学生集中精力学习和观看视频。因此，教师在实施翻转课堂教学模式的过程中应该结合高校的实际情况，为学生创设良好的学习环境。同时，根据翻转课堂教学模式的发展以及学生的需求，不断采取措施对学习环境进行完善。

总之，学习环境是必不可少的因素。教师必须注重学习环境的创设，为翻转课堂教学模式的实施提供保障。

2. 技术支持

日语翻转课堂教学模式的实施不仅需要网络教学平台，还需要大数据技术、信息技术支持。具体而言，教学视频的制作、教学视频的上传、在线测试、在线互动等需要各种技术的支持。这是日语翻转课堂教学模式实施的基础。

3. 学习评估

日语翻转课堂教学模式的有效实施，离不开学习评估。这种评估包括对学习课前预习的评估，对学生课中学习的评估以及对学生课后总结的评估。教师可以根据课前评估进行课堂设计，从而满足不同学生的学习需求。同时，教师在课堂上也应该注重在线评估，从而及时了解学生的知识内化和能力拓展情况。此外，教师还应该充分利用大数据技术对学生的学习数据进行收集和分析，从而全面了解学生的学习情况，并对学生学习的过程和状态进行评价，从而为日语翻转课堂教学模式的实施提供保障。

4. 时间分配

翻转课堂在日语教学中应用的过程中面临着时间分配的问题。因为，中国学生的课时都安排得比较紧，如果要实现经典的"课前学习微视频，回到课堂做作业、参与讨论，实现知识内化"的模式并不容易。因此，与国外普遍采用的"家校翻转"不一样，国内很多实践者提出了"校内翻转""课内翻转"的实践模式，但要实现"校内翻转""课内翻转"，具体的时间如何分配需要根据日语学科特点做出科学的规划。

（二）日语翻转课堂教学模式实施的策略

1. 教师的教学策略

（1）教师制作教学视频的策略

在日语教学中，教学视频的质量直接影响着翻转课堂实施的效果。因此，教师要意识到教学视频制作的重要性，并掌握教学视频制作的策略，从而实现翻转课堂的有效应用。

在制作教学视频时，教师应该着重关注以下几个方面：

第一，防止教学视频时间太长，一定要将教学视频控制在 10 分钟之内。这样有利于集中学生学习的注意力。

第二，注重语速、语气、节奏等。流利的语言是教师制作教学视频的基础，也是教学视频制作成功的前提。同时，教师在制作教学视频的过程中，要注重语速、语气和节奏，还要富有情感。只有这样，才能激发学生学习和观看教学视频的兴趣。如果教师在制作教学视频的过程中，语速过快或过慢、语气不当、节奏感不强，很容易使学生产生厌倦，更无法提高学生观看和学习教学视频的热情。

（2）教师教学生观看教学视频的策略

第一，对于所有影响学生观看教学视频的东西，教师要引导学生将其消除。最为常见的是，很多学生习惯于在观看视频的过程中听音乐，这时音乐就是干扰学生观看教学视频的不利因素，教师应该引导学生将音乐关掉。因此，为了提高学生观看视频的效率，教师应该在刚开始实施翻转课堂时组织学生一起观看教学视频，并对如何观看教学视频进行训练。同时，教师要交给学生如何控制视频，在自己观看教学视频中遇到疑问时如何暂停、如何重复观看。另外，教师要将教学视频的价值讲给学生，使学生意识到教学视频的价值。最为重要的是，教师通过集中训练，使学生能够对如何观看教学视频有一个初步的了解和认识，进而促进学生掌握教学视频。

第二，在观看视频过程中，如何做笔记，也是教师教学生观看视频的重要内容。不同的学生采用的笔记记录方式也不同。教师要鼓励和引导学生找出适合自己的方式，从而将视频中的重点和难点记录下来。做笔记是观看视频不可缺少的步骤，它不仅有利于学生记录重点和难点，也有利于学生记录疑难问题，更有利于学生对视频中的知识点进行归纳和总结。

第三，要求学生在观看完教学视频之后提出问题。这种提问的方式有利于反映学生对教学视频中知识的掌握情况。只有认真观看了教学视频，才能提出有针对性的问题。同时，还有利于提高学生的问题意识。学生提出问题后，教师与学生之间就可以针对这一问题进行交流和讨论。在这一讨论中，教师与学生、学生与学生之间可以各抒己见，有利于师生之间的交流和互动，有利于问题分析地透彻性，这是传统日语教学模式无法比拟的。

（3）教师课堂教学的策略

教学视频的制作是日语翻转课堂教学实施的前提，而课堂教学活动是日语翻转课堂教学实施的保障。日语翻转课堂教学模式是信息技术发展的产物，它不同于传统的日语教学模式。在日语翻转课堂教学模式中，教师组织和开展各种教学活动，鼓励学生积极主动地参与到各种不同的教学活动中，从而完成自己的学习任务，实现知识的建构。而传统教学模式忽略了学生的主体地位，只关注教师将知识传授给学生的情况，忽略学生的自主学习和个性化学习，学生只能被动地接受知识。

在日语翻转课堂教学模式中，教师要组织各种不同的教学活动，为学生的知识建构奠定基础。在具体的课堂教学中，教师可以结合日语教学的目标以及学生的实际学习情况来选择恰当的课堂教学策略。教师可以开展日语对话活动、日语演讲活动、日语阅读活动、日语交际活动等课堂活动，从而激发学生学习日语的兴趣，进而为学生提供更多的日语实践活动。教师可以鼓励学生积极主动地参与到课堂活动中来。

除此之外，教师还可以通过提出问题的方式来对学生进行一定的引导。教师所提出的问题必须结合本节课的核心，具有针对性。这种提问，不仅有利于教师了解学生观看视频的情况，也能够对学生的学习起到一定的引导作用。同时，教师在课堂上要注意教学氛围的愉悦性和放松性，鼓励并引导学生结合自己观看视频的情况，阐述自己对教学视频的观点，或对一些比较难理解的知识提出自己的疑问。

2. 学生的学习策略

（1）学生课前观看教学视频的策略

在翻转课堂教学模式中，知识的传授通常是在课前完成的。学生在课前观看教学视频的过程就是知识传授的过程。另外，学生在课前通过观看视频的方式来对日语理论知识进行初步学习，从而完成知识的传授。

学生在课前观看教学视频也要采取一定的策略——学习调控策略。翻转课堂教学中涉及的教学视频并不是很长，通常教学视频都会限制在 10 分钟之内。在如此短的时间内，学生要通过教学视频来完成理论知识的传授。这就要求学生首先具有很强的控制能力和自制能力，也就是说要管好自己。其次，学生要避免在喧闹环境中观看视频，应该选择一个相对安静的环境，这样有利于排除一切干扰因素，集中精力观看视频，学习日语知识。再次，学生可以根据自己对知识的掌握情况来操作教学视频，从而实现"倒带"，对教学视频进行反复观看。学生在课前观看视频的过程中，遇到一些疑问是在所难免的。然而，在观看视频的过程中，也不乏一些成绩差、基础知识弱的学生，观看视频的目的就是为了完成学习任务，观看完一遍视频就认为已经完成了学习任务，这种对自己不负责任的态度不利于日语知识的学习和今后的发展。因此，学生在观看视频的过程中，应该结合自己的学习情况，选择观看视频的次数和内容，只有这样才能将基础打牢。最后，学生在观看视频的过程中，应该做好笔记。主要记录一些重点、难点以及自己感兴趣的知识和内容。这也是学生对观看视频的一种反馈。如果学生只是为了完成任务来观看视频，在视频观看完之后，仍然云里雾里，不知道视频中所讲的知识点是什么，那么学生观看视频是无效的。

另外，如果学生在观看视频的过程中，无法将教学视频中的知识与自身已有的知识结构相结合，无法实现新旧知识的串通，同时也缺乏思考问题的能力，这样观看视频也是毫无意义的。

（2）学生独立探究策略

独立探究策略在日语学习中比较常见，它不仅涉及学，也涉及教。独立探究策略无论是在学生学习，还是在教师教学中都发挥着至关重要的作用。实践证明，主体性是独立探究策略最为突出的特征。除此之外，独立探究策略还具有独立性、实践性等特点。在经济全球化、文化多元化、教学信息化的今天，社会对人才提出了新的要求，即具有独立探究能力。同时，独立探究能力是学生创新能力的基础和前提，只有具备了独立探究能力，才更有利于实现个体的价值。

日语翻转课堂教学模式不同于传统的日语教学模式。日语翻转课堂教学模式有利于调动学生的积极性和主动性，有利于学生根据自己的学习情况进行学习。传统教学模式只注重日语教学的效果，严重忽略了日语教学的过程。而日语翻转课堂教学在注重日语教学效果的基础上，更加注重日语教学过程和学生学习知识的过程。在这一过程中，教师的角色也发生了很大的变化，由传统的主宰者转变为现代的引导者和设计者。学生积极主动的学习，在学习过程中，学生会独立探究自己遇到的疑难问题，教师在这一过程中起着引导作用。学生通过独立探究学习来解决遇到的问题，这样有利于增强学生的成就感，切实感受到独立探究带来的喜悦。这样就会形成良性循环，更加积极主动地投入到独立探究中。

（3）学生合作学习策略

合作学习，顾名思义就是通过与他人的合作来完成学习任务，实现学习目标。在合作学习实践中，主要有全体合作、教师与学生合作、教师与教师合作、学生与学生合作四种类型。

在日语翻转课堂教学中，学生也需要合作学习策略。合作学习的前提是要有一种合作的氛围。日语翻转课堂教学能够为学生的合作学习提供一种团结、合作的氛围。同时，日语翻转课堂教学模式不仅有利于提高学生的合作学习能力，有利于提高学生的交际能力，有利于建立平等的师生关系。除此之外，教师在合作学习中，充分发挥着自身引导者的角色，引导学生深入了解日语知识、独立建构日语知识，并熟练运用日语知识。

（三）日语翻转课堂教学模式实施过程中应注意的问题

1. 翻转课堂的实施范围与实施程度

从理论上而言，翻转课堂强调课前学习知识，课上讨论解答问题。这是一种理想化的教学状态。

然而，在实际教学中，不同的学生有着不同的学习水平，有着不同的学习思维，有着不同的学习习惯，有着不同的学习储备。如果教师按照理想化的方式开展翻转课堂或按照理想化的方式对课堂进行翻转，就很难促进全体学生的发展，也不利于促进学生的个性化发展。因此，在实际操作过程中，教师应该根据学生的学习状况，结合教学内容，确立翻转的程度。即使是同一个教学知识点，由于学生在很多方面存在着差异，教师也不能采用统一的翻转程度，而是要结合具体情况具体分析，对翻转课堂进行不同程度的翻转。

需要指出的是，如果教师完全按照理想化的翻转课堂将基础知识置于课下，那么对于一些难度很大的问题，学生很难自己解决，同时有些学生无法通过视频学习找到重点内容，也有一些学生不能将知识点系统化。久而久之，学生就会失去学习日语的兴趣。基于此，教师要准确把握当翻转课堂的范围和实施程度，不能完全按照理想化的翻转课堂实施。在实施过程中，教师还应该根据具体情况进行调整。同时，教师可以将一些难点问题放在课堂上统一讲解。

2. 翻转课堂的实质与形式问题

翻转课堂体现的是课下学习知识，课上进行解答和探讨。这是对传统教学模式的改革。在翻转课堂中，教师不再是权威者，教师角色、学生角色、教学流程等都发生很大的变化。从实质上而言，翻转课堂强调的是师生角色的拜年话，以及学生学习方式的变化，并不是只是传统教学流程颠倒。

在翻转课堂实施过程中，教师可以根据教学重点和教学难点制作成不同的教学视频。这样很容易将整体性的教学分解成不同的结构。这对教学的整体性和系统性都会产生一定的影响。因此，翻转课堂的制作对教学结构、教学知识点的数量并没有要求。只要能够实现翻转课堂的目标，调动学生学习日语的积极性，那么这个翻转课堂就是成功的。

此外，翻转课堂是在网络时代背景下发展起来的教学形式，这种形式是对教学的改革和创新，其目的就是促进教学效果的提高和教学的发展。因此教师要把握好这一形式问题，使翻转课堂在日语教学中更有价值。

3. 翻转课堂下的教师激励问题

实际上，翻转课堂作为一种新的教学理念，是对传统教学模式的革新。在这一过程中，翻转课堂主要涉及两个方面：第一个是"破"，强调的是打破传统的日语教学模式，打破教师陈旧的教学观念，打破传统的教学流程、教学组织和教学结构，同时还体现了对已有知识和经验的突破和超越。第二个是"立"，强调的是对教学和课程体系进行重构，对教学模式进行创新，对和谐、平等师生关系进行重建、对日语课程体系进行建构、对日语教学评价体系进行建构。

无论是对传统的打破，还是对现有体系的重构，抑或是对教学资源的开发，都离不开教师的辛苦付出。在这一过程中，教师要花费大量的时间，也会消耗很多经历，这对教师推行和实施翻转课堂教学模式是一个很大的挑战。要想使教师能够迎接挑战，更好地实施翻转课堂，就应该注重教师的激励问题。

    需要指出的是，学校要根据教师的教学和付出情况，结合学校的实际情况，采取多种措施对教师进行激励。

第六章　日语教学的跨文化视角

　　跨文化背景下，日语教学的发展面临着全新的挑战。以跨文化的视角来看待日语教学，会产生全新的教学思考。本章从日本文化解读入手，系统论述了日语教学中文化导入的紧迫性，分析了日语教学中文化教学的误区，探讨了跨文化视角下日语教学与语境构建，最后概括和总结了跨文化视角下日语课堂教学策略。

第一节　日本文化解读

一、日本文化对外来文化的本土化

（一）日本文化中外来文化的本土化特色

　　日本文化中的外来文化本土化现象，并非一味地吸收外来文化，而是保持开放性和主体性，结合自身实际情况吸收外来文化，并使本土化的外来文化有自身独立的特征。日本在吸收外来文化时具有主导性、选择性、保守性、融合性。其中，主导性是指日本在吸收外来文化时一般都是吸收、学习世界先进的文化；选择性是指日本在吸收外来文化时，会依据自己的国情和文化需要，借鉴、吸收先进文化、精华思想；保守性是指日本吸收外来文化的态度受传统文化影响较大，宗教意识和道德伦理意识根深蒂固，在吸收外来文化的同时保留了传统的生活习惯和思想意识；融合性主要指日本在吸收外来文化时，对外来文化进行融合改造，使外来文化成为日本本土文化。日本文化并非是对外来文化进行简单吸收，而是有针对性地进行改造及创新，通过弃糟粕、取精华的择善处理，使日本文化得到繁荣发展。

（二）日本文化对外来文化的吸收

1. 对外来文化的模仿复制

早在 5 世纪，中国出现了东渡现象，中国文化开始进入日本境内，并对日本文化造成了较大冲击。在该过程中，日本看到了中国文化的可取之处，开始借鉴和吸收中国的农耕文化。到 7 世纪左右，日本大规模地吸收中国的儒家思想，并将本土文化与儒家思想充分结合起来。此外，日本的革新派还将中国唐朝时期的基本律令作为文化革新的主要模板，进行政治、经济等方面的变革。但在此过程中，日本基本上是对中国文化照抄照搬和直接复制。例如，中国有七夕、端午等传统节日，日本模仿复制中国的节日文化，最终形成自己的文化。中国唐代在其鼎盛时期，其歌舞享誉世界，日本吸收借鉴这些歌舞文化的精髓，形成了经久不衰的"雅乐"。在日本文学中，也大量模仿中国的古诗，极大丰富了日本文化的内涵。

2. 对外来文化的综合创新

到 19 世纪中叶，日本受西方列强压迫，被迫打开国门。这一时期，日本封闭式的文化受到西方文化冲击，并开始向西方国家文化靠拢。日本是一个典型的岛国，具有浓厚的岛国文化。在西方入侵过程中，日本开始借鉴西方文化的先进之处，充分利用岛国的地理优势，使文化发展更具兼容性、开放性、冒险性、进取性、外向性和拓展性。日本为发展国家经济和文化，在这一时期，开始大规模地引进西方思想，使日本文化与西方先进思想文化产生碰撞、交融。日本文化受西方荷兰文化，即兰学思想的影响较大，文化发展逐渐向西方先进文化靠拢，并彻底摆脱了传统的农耕文明，为之后的明治维新奠基了坚实的文化基础。

该时期，日本对外来文化的吸收，不再局限于模仿和复制，而是结合本国实际，不断创新。当前的日本文化是日本明白了文化创新的重要性，综合各种外来文化进行创新的成果。例如，日本假名文的发明，极大地促进了日本文化的繁荣和日本人思想的独立，最终形成日本独特的文字形式。此外，日本还将中国的佛教和日本本土的神学融为一体，将佛教的重来世思想修正为重现世。正是由于日本善于将传统文化与外来文化进行整合创新，才使日本文化具有强大生命力。

（三）日本文化中外来文化本土化表现

1. 生活及文学艺术方面

生活层面及文学艺术上的外来文化，是较容易被吸收和引进的。文字作为一种文化的载体和语言描述工具，具有较强的文化特征。日本文字在形成过程中，就是逐渐吸收外来文字，并在改革实践中形成自己的文字。从日本文字发展历史看，日本自五六世纪便开始引进汉字，以异体汉字、纯体汉字作为文化载体，并经过不断发展，在 9 世纪后期发明了假名文字，形成了自己的文字，逐渐摆脱汉字的束缚。

在生活习俗方面，日本借鉴较多的是中国的习俗，如日本茶道。日本茶道源于中国，于宋朝时期由佛教大师昭明传入，之后，日本茶道逐渐将伦理、宗教、哲学等融为一体。日本茶道是对中国饮茶方式的本土改革，并渐渐升级为一种特殊的礼仪形式，成为独具日本特色的精神文化。目前，日本茶道已融入日常生活，很多日本人都将茶道作为一种修身养性、提升艺术情操的方式。而自明治维新以后，日本开始广泛学习西方现代思想文化，其生活层面也受到深刻变革，衣食住行、生活礼仪、道德规范、风俗习惯等方面也受到了冲击，发生了极大改变。随着日本不断引进西方工业文明，其开始大力建造工厂，使用大型机械设备，铁路运输、轮船运输、邮政、电报等得到较快发展，日本民众也开始安装煤气灯、穿西服、建洋房、吃西餐、剪短发等，沿用西方的生活习惯，并使其渐渐成为自己本土的生活习俗。

2. 精神方面

从文化传播形式来看，精神层面的文化渗透比较困难。从深层次上分析。日本仍保留着自己独特的精神文化，是一个相对传统的国家。例如，虽然西方饮食文化大肆传入日本，但日本人爱吃生冷食物，崇尚原味；日本人的家族势力、家族意识、集团意识都很强，是一个团结的民族；日本宗教虽然受中国佛教与西方基督教等影响较大，但民间的信仰及巫术也很盛行，尤其是神道教。神道教是日本真正意义上的本土民族宗教，是建立在日本民族文化基础上的宗教，其宗教赋予了日本人世事本位、自然本位的思想。在不断发展过程中，世事本位、自然本位的思想逐渐上升为日本的本土思想信仰。佛教传入日本之初，日本出现了激烈的宗教纷争，引发了"排佛"与"援佛"的纠纷，这场纠纷持续了近半个世纪，最终在日本人的吸收、整合中，逐渐将中国佛教文化融入日本的本土文化中。中国佛教文化在日本文化语境中，保留了原始面貌，但又与本土文化相互融合，并在碰撞中得到长远发展。另外，外来儒教传入日本，使日本形成了以道教精神为核心的精神文化，并融合了日本本土宗教、儒教、佛教，使三教合一，形成了武士文化。

从历史角度来看，日本在 1000 多年的时间里吸收了大量的唐朝文化，深受中国思想和中国精神的影响。但在德川政权崩溃、明治维新之后，日本快速进入文明开化时期，大量吸收西方文明，并取得了显著成效，为日本的现代化发展奠定了基础。虽然日本受到很多国家文化的影响，在文化精神上受佛教、儒教、基督教等不同程度的冲击，但其在文化精神的形成过程中，并没有脱离原始、古老的本土文化和本土精神，仍然保持着自己的思想内涵和精神气质。

3. 制度层面

日本的制度在面对外来文化时，也呈现出开放、接受的态度，并及时地消化吸收外来制度文化，使其成为对自己发展有用的制度。尤其是在法律体系、政治制度、经济发展模式方面，日本通过统治者自上而下的改革，借鉴西方先进的法律体系、政治制度、经济发展模式，推动日本社会文化的历程。

明治时期（1868—1912），日本的资本主义开始形成并得到发展，其逐渐走向帝国主义行列，完成了初期转型。明治文化经历了西化与启蒙、反思与批评、折中与创造几个阶段。如明治初期，日本刚从封建体制中解放出来，为了向资本主义顺利过渡，日本提出了文明开化、富国强兵、殖产兴业三大政策。

二、日本文化的特征

（一）吸收性和独立性

汉字在日语发展中起着不可替代的作用。日语中很多文字都是源自中国的汉字。众所周知，中国文化博大精深，具有悠久的历史。很多经典的中国文化及思想在日本传播和发展。日本学者对这些汉字进行系统研究，并结合日本文字的特点，对中国汉语进行一些操作和处理。日语中很多片假名和平假名的出现与用汉语有着很大的关系。可以说，汉字在日本的传播为日本文字的创造奠定了基础。即使是现在，日本文字中还会有一些中国的繁体字，这些都说明了汉字与日本文字之间的关系，也反映了汉字对日本文字的深远影响。

日本文字在一定程度上借鉴很多汉字文化。日本文化也在很多方面对中国文化进行了借鉴。唐朝是我国历史上很繁荣的朝代。在这一朝代，中国形成了富有特色的唐朝文化。日本人不断从中国唐朝文化中吸收和借鉴文化的精髓，这为日本文化的发展奠定了基础。除了对唐朝文化的借鉴以外，日本还借鉴了中国的茶道文化。日本文化在漫长的发展过程中，不断吸收和借鉴中国文化。在吸收和借鉴的同时，日本文化并没有全盘中国化，而是立足本国本土，彰显了日本文化的独立性。

日本文化的吸收性促进了日本文化多样化的发展，日本文化的独立性彰显了日本文化的魅力。正是因为日本文化的吸收性和独立性，使得日本文化不断丰富，不断发展。

（二）崇尚团体的意识

团体意识在国家和社会发展中都发挥着重要的作用。因此，世界上很多国家都将团体意识置于重要的位置。日本也不例外。纵观日本不同阶段的教育，可以发现，日本十分重视人的意志力的培养。他们认为意志力是通向成功的重要影响因素。在日语教育中，意志力培养与团体意识培养是日语教育的重要内容。

团体意识在不同的国家也有着不同的内涵。在日本，团体意识主要强调的是一个人在团队或团体中影响力。要想提高这种影响力，人们就必须与团体中的人员搞好关系，赢得团体中其他人的尊重。如果团体中的某个人受到其他团体或个人的攻击，其团体地位将会受到很大的影响。更为严重的是，这个受到攻击人就会从团体中脱离出来。这种对团体中某个人排斥的行为，体现了日本人将集体利益看得很重。纵观日本的文学作品，很多作品中都从多个层面体现了团体意识。

（三）强烈的不安定感

不安定感，主要是从两个方面来体现。第一个方面是安全感，第二个方面是归属感。如果这两个方面都缺乏，那么就会使日本人形成不安定感。安全感和归属感缺乏的程度直接影响着不安定感的程度。日本文化中将这一特征体现得淋漓尽致。为了减弱或消除这一不安定感，日本人常常借助一些事物，并将这些事物作为载体，承载着日本人的情感。我们知道，事物并不是一成不变的，而是不断变化的，如果这些事物载体发生变化，就很容易使日本人产生强烈的不安定感。

（四）统一性与矛盾性

从历史上看，在 1000 多年的时间里，日本大量吸收了中国的大唐文化。1868 年德川政权崩溃、明治维新开始后，日本进入了"文明开化"时期。在这个时期，日本按照 1000 多年前全盘接受中国文化的方法引进西方的文明，并取得了巨大的效果，为建设一个现代化的国家奠定了基础。任何一种文化的形成与发展都要受许多因素的影响，本国的和外国的历史，以及佛教、儒教甚至基督教都曾对日本文化起过作用，日本在变化，但是却从未真正脱离其最古老的本土文化根源。

现在电视、空调、汽车、电脑、出国度假等已深深地渗入了日本的普通家庭，日本人的生活表面变得无可辨认了。尽管如此，在现代化的背后仍旧保留了许多属于日本本土文化的东西，这就充分体现出了日本文化统一性之中的矛盾性。从深层分析看，日本仍是一个传统的国家。例如，他们喜好素淡的颜色和天然情趣，民间信仰和巫术尤其盛行等。

（五）多重性与复合性

日本文化是系统各异的东西方文化的并存和混合的产物。其例子在我们身边比比皆是，比如政治体制，既学习了西方的议会政治，又保留了传统的天皇制度，属于新旧政治的混合体；在衣食住方面，和西式结合，西装加和服，和食加西餐，和式房间加西式客厅；在宗教信仰方面，神佛合一，既拜神又拜佛；再看其语言文字，既有中国借来的汉字，又有独创的平片假名，近年来又大量增加了罗马字，如此复杂的文字世界罕见。日本文化产生"多重性"的原因，主要是来自日本人对异国文化抱有强烈的好奇心，同时对本国文化也具有异常的保护心理。身居岛国，不受外侵，根据自己的需要有目的地吸收外来文化，这也是日本人长期养成的性格特点。

由于日本文化具有开放性，善于输入与输出，因此，日本文化也具有明显的复合性。二次世界大战后，日本的崛起，令世人刮目相看，日本学者高桥龟吉在谈到战后日本经济起飞的根本原因时分析认为："日本人对于与本国不同的文化，不是看作异端，也没有排斥和偏见，相反善于以外国先进文化与思想为师，进行移植和吸收。"① 的确，日本民族是擅长吸收外围先进文化的民族，同时，这也说明日本文化既有本国传统文化的基础，又吸收了外国文化的精华，使日本文化成为传统文化与外来文化复合的结晶。日本文化本身比较贫乏，它是在长期与其他外来文化的相互交流和影响中发展起来的，当然日本文化中存着两种或多种文化的因素，两种或多种文化要素深入交织在一起，构成"你中有我，我中有你"但又若即若离的复合文化体。从绳文末期至弥生时期，中国文化传播到日本，使日本文化有了较大的发展。后来中国隋唐时期中日文化交流促使日本进行大化革新，可以说明治维新以前中国文化是日本的本体文化。近代百年来日本在保持传统文化的基础上，又大量吸收西方文化，使日本文化呈现兼收东西方文化的复合性特色。

---

① 宋艳军，彭远，凡素平. 全球化语境下的日语文化教学研究［M］. 青岛：中国海洋大学出版社，2019：35.

第二节　日语教学中文化导入的紧迫性

一、日语教学中文化导入的现状

（一）重视程度不够

长期以来，我国的日语教学沿袭了以语言基础能力为中心的传统教学模式。在日语教学实践中，教师注重语言的词汇、语法、语言等的教学，强调词汇和语法的理解，注重各种句子结构的训练，忽视了知识背景、风土人情、风俗习惯等文化知识的导入，严重影响了学生文化知识的学习和跨文化交际能力的提高。课件，现阶段很多学校并没有重视文化的导入和文化语境的创设，从而使得日语教学只注重日语语言基础教学，严重忽略了日语教学中的文化导入。在此背景下，学生由于不了解日语语言的文化，因此，在跨文化交际过程中，并不会用日语来组织语言进行表达，更甚至是根据汉语的表达习惯进行日语的表达，从而导致文化障碍和文化冲突，不利于跨文化交际的顺利进行。另外，很多学校由于没有意识到文化导入的重要性，因此并没有开设与日语文化相关的课程。即使有一小部分学校开设了日语文化课程，但也是粗略地介绍一下日语文化，并没有形成一定的体系。再加上日语课程的学时不够，学分在总学分比例又比较，所以即使开设了日语文化课程，也未能引起教师和学生对文化导入的高度重视。

（二）教学模式单一

日语教学是一个十分复杂的过程，它的影响因素有很多，教学方法、教学策略、教学素材、教学模式等。其中，教学模式就是影响日语教学的重要因素之一。长期以来，日语教学采用以语言技能为中心的传统教学模式，忽视了日语教学中文化的导入。单一的教学模式不利于日语教学的发展，也不利于学生的学习。长此以往，学生不会用恰当的日语表达进行跨文化交际，甚至有些学生用中国式日语进行跨文化交流，从而导致跨文化交际障碍。另外，教师在日语教学中，只是教学生生搬硬造，不会灵活运用。即使有些学生已经取得了很好的日语成绩，日语等级也比较高，但是在实际的跨文化交际中的并不能正确运用日语，从而造成不必要的文化障碍。

（三）教师对日本文化的了解不到位

无论是日语教学还是其他形式的语言教学，都离不开优秀的教师。教师要想提高日语教学的效果，提高学生的跨文化交际能力，必须在重视语言技能教学的基础上，熟悉并深入了解日语文化。然而，在实际的日语教学中，日语教师对日语文化的了解也比较肤浅，对日语的人文习惯、风土人情、信仰与风俗等都没有足够的了解。正是因为日语教师自身缺乏日语文化的输入，从而导致在日语教学中只重视语言技能教学，日语文化导入无法真正实现。另外，有些日语教师缺乏日本学习和生活的经验，没有系统而全面地掌握日语文化，有些对日语文化的认识仅仅停留在表面。更为严重的是，有些日语教学缺乏学习传统文化的兴趣，对中华民族优秀传统文化了解甚少，缺乏一定的文化功底，自然对日本文化的了解也十分片面。另外，在日语教学中，日语教师受传统教学模式的影响，只注重日语技能的培养和提高，忽视了中华文化与日语文化的比较和阐释，因此，学生对日语文化的了解比较片面，不够系统化。

综上所述，日语文化在日语教学中是十分重要的。教师只有充分掌握和熟练运用日语文化，才是在日语教学中灵活地导入日语文化，才能使学生既掌握日语语言技能，又能对日语文化有全面而系统的理解，最终能够在跨文化交际中顺利表达自己的观点。

二、日语教学中文化导入的必要性

众所周知，中国与日本是一衣带水的邻邦。在当今全球化的时代背景下，中国和日本之间各种交往和贸易越来越多。这就需要大量日语人才。由于中国和日本在地理位置、历史发展、风俗习惯、社会背景等方面存在着一定的差异，所以，中日语言之间也存在着很大的差异。日语人才不仅要具有扎实的日语知识，还要有较高的跨文化交际能力。

如前所述，中日语言是两种不同的语言。这两种语言在语言知识、文化知识、思维方式等方面都是有差异的。语言如果不在文化语境下进行理解，很容易导致语用失误，这对交际双方的跨文化交际都是不利的。同时，在中国，学生从小学习汉语，已经形成了一定的汉语思维定式，只有从文化的视角解读和理解语言知识，才能准确地理解语言、恰当地运用语言。

在日语教学中，要想衡量学生日语学习的好坏，就需要从日语语言知识和日语文化知识两大方面入手。在跨文化交际时代，学生在与日语使用者进行交流时，应该的把握语境，通过交际的语境来正确判断他人语言的含义，并做出正确的回答。如果缺乏对日语文化的认知，那么学生就很难顺利进行跨文化交际。

综上所述，日语文化是学生学习日语的重要内容，也是提高跨文化交际能力的重要保障。如果教师过于注重日语语言知识，严重忽略了文化的融入，就很难提升学生的跨文化交际。可以说，在日语教学中导入文化是日语教学改革和发展的必然趋势。

第三节 日语教学中文化教学的误区

一、文化材料陈旧，实用性差

很多教师在教材使用方面存在着误区。这些教师误认为手头上现有的日语教材就可以满足学生语言形式方面的需要。而实际上，日语教学中除了要注重语言形式以外，还应该注重其更深层次的社会意义。而现实教学中的很多教师却严重忽视了语言形式的社会意义，他们不注重日语文化教材的选择，也不注重日语文化教学的改革和创新。同时，很多教师受应试教育的影响，在课堂上过于重视应试内容的讲解，忽略了日语的交际运用。可以说，文化教材选择上的误区，以及语言实用性层面的误区，都会在不同程度上影响日语教学目标的实现。

二、文化输入内容随意，轻交际重知识文化

在日语教学中，很多教师在文化内容的输入方面也存在着误区。在文化多元化的时代，日语文化的重要性是毋庸置疑的。随着文化多元化格局的发展，日语文化的内涵和内容也在不断丰富。从这些丰富的日语文化中选取有用的、有价值的、满足学生学习需要的文化内容，是当今日语教师应该做的工作。然而，在日语教学中，教师误认为，融入文学、艺术等内容就是文化教学的主要内容。同时，很多教师面对复杂的、丰富的内容无法进行正确选择，甚至有一部分教师无法将这些杂乱无章的文化内容系统化，这不利于激发学生学习日语文化的兴趣，甚至会使学生对日语学习产生厌倦心理。

从整体上而言，日语文化可以分为两个重要的内容：第一个是知识文化的内容，第二个是交际文化的内容。在日语教学中，很多教师误认为知识文化是

最为重要的，过渡重视知识文化，严重忽视了交际文化。这就导致很多学生无法准确地将所学习的日语知识和文化应用于交际中，无法实现基础知识与交际实践的有效融合。

三、教学彻底排除母语因素

众所周知，母语因素是影响日语教学和日语学习的重要因素之一。母语因素对日语教学影响主要集中体现在两个方面：第一个方面是正迁移影响，第二个方面是负迁移影响。而在实际日语教学中，很多教师都只看到了母语对日语的负迁移影响，因此为了避免或杜绝母语的负迁移影响，往往彻底消除母语这一影响因素。也就是说，在日语教学中，这些教师只重视日语文化、知识的讲解，并不注重母语知识及文化的融入，也不注重日语与母语之间的比较，这就会使学生枯燥的学习日语文化，对日语文化提不起兴趣。同时，学生也无法了解日语与自己的母语之间的差异性和相同点，这对翻译能力的提高是极其不利的。此外，这种只注重日语基础和文化的教学，只会使学生死记硬背，很难提高学生的日语交际能力。对于日语和母语中存在的一些相似文化，学生也难以正确区分，这对日语文化的深入理解也是不利的。

四、"文化缺乏症"和"泛文化症"问题显著

不同的日语教师有着不同的知识储备，他们对日语教学目标的理解也存在着显著的差异。有一些教师误认为日语教学是语言教学的范畴，自然也以语言知识为主，这部分教师往往忽略了文化的重要性，在教学中只重视词汇和语法，基本不进行文化教学，这就是人们常说的"文化缺乏症"问题。

而有一些教师在日语教学的理解上存在着很大的误区。这部分教师将日语教学的等同于文化教学。他们误认为在日语教学中不断融入文化教学，就是对日语教学的语言进行教学。基于此，教师确实在教学中融入了大量的日语文化，但由于语言知识的缺乏，学生无法用正确的语言将学习的日语文化表达出来。这就是人们常说的"泛文化症"现象。

第四节 跨文化视角下日语教学与语境构建

一、跨文化视角下日语教学的语际转换

（一）日语翻译与语音

要想提高日语翻译的效果，译者应该了解和学习语音。语音涉及的内容很多，例如，语音的产生、语音的性质、语音的结构、语音系统等都是语音研究的范畴。语言学家尤其是语音学家都十分重视语音的研究。语音研究有着专门的学科体系，这一学科体系就是人们常说的语音学。语音学在语言学中占据重要的地位。语音学是系统地研究语音的生成、语音的性质、语音结构以及各个因素之间的相互关系的学科。随着专家学者对语音研究的不断深入，语音学也在不断拓展，这些都可以为翻译研究提供理论指导。同时，翻译研究者在研究翻译时也可以从语音学研究中借鉴语音的相关研究，这样可以更好地理解翻译中的语音知识。

语音具有自身的属性，除了生理属性以外，语音还有很多其他的属性。其中，最为重要的属性还有两个：第一个是心理属性，第二个是物理属性。语音的社会属性受周围环境、言语社团等的影响。语音与意义之间存在着相辅相成的关系，通常情况下是约定俗成的。在语言表达中，同一意义可以由用同一语言中的不同语音组合或不同方言进行描述。众所周知，同一语言中不同方言的种类很多。也就是说，很多语音组合或方言都可以表达同样一种意义，这在很大程度上增加了翻译的困难。这就要求译者在不同语言之间的转换过程中，应该了解语音与语音之间的不同，以及语音之间的组合关系，并将语音、方言与意义结合起来进行理解，这样有利于译者更加准确地进行翻译。

需要指出的是，不同语言之间的转换需要借助翻译这一媒介。翻译存在的必要条件是语言在语音、意义方面存在差异，翻译的目的就是使交际双方理解这些差异，并更好地使用语音、语义进行交流。如果不存在语义上的差异，也不存在意义上的差异，就不需要翻译这一工具，翻译也会变得毫无意义。

语音在语言中的重要性是不言而喻的。语音涉及的内容比较多，在不同的语言中语音存在着不同的特征。这是译者在翻译中应该重视的问题。语音学主要是对语音的相关知识进行研究，无论是从发音器官，还是从发音机制而言，

基本不存在差异性。但是，从相关组合方面而言，不同语音之间的组合、不同语音与意义之间的组合并不是一成不变的，而是自由随意组合的。语音之间的组合以及语音与意义之间的组合都与社会言语因素有关。由此可见，无论是从语音与语音之间的组合而言，还是从语音与意义之间的组合而言，译者都需要考虑语音这一问题以及所涉及的相关问题，这些使译者在翻译过程中面临着很大的障碍。

（二）日语翻译与文字、词汇

从历史发展而言，文字的产生要晚于语音。也就是说，文字是在语音的基础上产生和发展的。众所周知，人们用语言表达自己的思想和情感时可以采用口头语言和书面语言相结合的方式。文字是书面语言的重要组成部分，它用符号记录语言的过程中会用到语音这一内容。从本质上而言，文字与语音不同，它是派生出来的。如果单从理论层面而言，语音与文字之间存在着一一对应的关系。但在实际应用过程中，这种一一对应关系就会被打破。具体而言，第一种情况是，语音相同的字，其文字书写也会存在着差异，这是同音字现象。例如，英、应、鹰、樱等这些文字在读音上是相同的，但文字是不同的，表达的意义也是不同的。第二种情况是，文字书写相同，其读音不同，这是多音字现象。例如，"行"这个字，可以读 háng，也可以读 xíng。在汉语文化中，无论是同音字现象，还是多音字现象都是很常见的现象。

可见，语音与文字之间并不是独立的，而是密切相连的。语音的发展，促进了文字的发展，文字的升华促进了语音的发展。两者的相互促进，使得语音和文字共同作用于语言中，并在语言表达中发挥着重要的作用。在日常应用中，口头语言应用的比较多，但也存在着一些事情不适合运用口头语言，这就需要文字来发挥作用。在语音与文字发展过程中，语境的不同影响着语音与文字之间的对应关系。

文字在语言中有着不同的形式。以不同的形式为分类标准，可以将笔译分成不同的类型。总体而言，有拼音与拼音之间的笔译、方块与方块文字之间的笔译，还有两者交叉的笔译。前两种笔译类型都比较简单，最不容易理解和运用的是语音文字、方块文字之间的交叉笔译。这就要求译者应该在语音、方块文字翻译的基础上完成交叉翻译。

虽然说笔译是用一种语言的文字来翻译用另一种语言的文字表达的意义，但一般意义上的笔译不涉及译出语与译入语的文字结构，涉及文字结构的翻译主要是异化翻译。

日汉两种语言各有不同的文字形式，翻译中，如原文不是刻意利用其文字的特点，一般不会给翻译来什么困难，但如果刻意利用文字上的特点，就会给翻译带来许多麻烦。在有些情况下，如能做到顾此失彼，恐怕就可算佳译了。

词汇所包含的内容很多，有构词、语义关系包括语义场、词语搭配、词汇的历史变迁、外来词语以及短语、熟语与成语等。日语的构词涉及假名、汉字和罗马字，汉语的构词涉及汉字。词汇的历史变迁，是一个很复杂的课题，有语言的内部动因，也有社会、文化等外部动因，部分地是大量使用外来词语的结果。词汇搭配问题是一个棘手问题，但有规律可循，因为词汇搭配问题主要是多义词的搭配问题。

（三）日语翻译与段落、篇章

翻译与段落和篇章方面的内容很多，这里主要讨论语篇的衔接与连贯。讨论之前，先粗略地讨论一下段落与篇章这两个概念。段落与篇章，许多情况下都可以称为语篇，但是一般认为，篇章是完整的语篇，段落只是完整语篇的一个组成部分。特殊情况下，一个段落甚至一个句子，也可能是一篇完整的语篇。大于或等于句子的语篇单位只有句子、自然段与语篇。汉语里有"大段"的说法，但似乎也不是一个专业术语。在此倾向于使用自然段、大段与语篇三个术语，并且认为，自然段大于或等于句子，大段大于或等于自然段，语篇大于或等于大段。自然段、大段或语篇之所以成为自然段、大段或语篇，是因为它们意义上是连贯的，形式上是衔接的。

语篇的衔接与连贯是语言学的重要概念，系统功能语言学对之有深入的研究。衔接与连贯相互关联，讨论衔接的时候，往往要涉及连贯，讨论连贯的时候，往往要涉及衔接。但从连贯是意义层面上的现象来看，衔接是词汇语法层面上的现象；连贯是目的，是结果，衔接是实现连贯的手段。它们虽然关系密切，但毕竟是两个性质迥异的现象，可以分开讨论。在此章节中，将先讨论衔接，再讨论连贯，然后讨论二者之间的关系，讨论衔接与连贯对日汉互译的影响。关于衔接，系统功能语言学派对衔接进行了大量的开创性的研究。系统功能语言学通过在国外学习的留学生与访问学者们的介绍，在我国语言学界已深入人心。以他们为核心，在我国也形成了一个系统功能语言学派。通过与其他一些语言学家们的努力，系统功能语言学在我国经过引进、消化、吸收已安家落户，现已经进入了独立研究、大胆创新阶段，论文与专著不断面世。这些论文与专著大都谈到了衔接，虽说还没有穷尽衔接的方方面面，但涉及的面都很广，分类也比较繁杂。

关于逻辑与连贯，逻辑是广义的，是通常所说的"合乎逻辑"的"逻辑"。许多语篇，词汇语法层面上虽然不衔接，但意义上合乎逻辑，仍然是连贯的语篇。

　　所谓的逻辑，还包括逻辑顺序、时间顺序与空间方位顺序。说话或写文章，一个问题一个问题地说，一个问题一个问题地展开，有时从最重要的说起，有时从最不重要的开头，这是一种逻辑顺序；描写事件，可以从现在写到过去，也可以从过去写到现在，这是时间顺序；描写空间方位，有时从里到外、从右到左，有时则从外到里、从左到右，这是空间方位顺序。这里讨论的都是自然顺序。符合一定的顺序的语篇，即使衔接得非常松散，也不太妨碍理解。但必须特别指出，一旦自然顺序被打乱，衔接对确保语篇连贯就是至关重要的了。

　　语法结构是实现语篇意义重组的重要手段。在此不是讨论语法，而是讨论衔接与连贯。这里所说的语法结构，是实现结构衔接的手段。可见，适当地使用结构衔接手段，能够实现语篇的意义重组，使得本可以按照自然逻辑顺序排列的语篇意义，变得跌宕起伏、一波三折。

　　在语篇层面上，日语可利用自己的句型与语法结构上的完整性来实现倒装或部分倒装，可利用关联词语来实现语篇意义的局部重组，汉语遇到这些情况多遵循自然逻辑顺序与自然时空顺序展开语篇。因此，日译汉时，有些倒装部分、倒装的句子成分，汉语往往要遵循自然逻辑顺序与自然时空顺序来翻译；在日语原文利用关联词语实现意义重组的时候，汉语往往也要遵循自然逻辑顺序与自然时空顺序来翻译。

二、跨文化视角下日语语境构型以及译型的构建

（一）语境构型

　　首先，翻译中的语境的底层语境，在翻译中的语境中都有所反映。例如，作者与其心目中的读者的交际是反映在原文文本上的，通过分析原文文本的语篇，再结合对其他材料的分析，就可以分析出作者与心目中的读者的交际语境。同样，译者与心目中的读者的交际在正在翻译的译文文本与已经翻译好了的译文文本中都有反映，通过分析正在翻译的译文文本与翻译好了的译文文本，可以了解译者与心目中的读者之间的交际语境。

　　其次，在翻译中的交际中，有关作者、译者与读者的社会语旨是基本上固定不变的，原文文本与正在翻译的译文文本或翻译好了的译文文本的表现方式与渠道基本上是固定不变的，有关语场从宏观的角度看也是固定不变的。虽然，在交际的过程中，时间在推移、地点在变更、事件在发展、人物在变换，但人物与事件的变化主要是底层语境中发生的现象。因为，将翻译中的语境分为创

作语境与译作语境，在这两个语境中，交际的参与者作者与心目中的读者、译者与心目中的读者都是固定不变的。从事件的角度看，小事件是大事件的一个组成部分，而在整个翻译中的交际过程中小事件虽然在发展变化，大事件是固定不变的。时间与地点的变化是小事件发展变化的标记，既然大事件固定不变，标记大事件的时间与地点是固定不变的。总之，翻译中的语境是一个动中有静的语境，翻译中的译型是一个动中有静的译型。

（二）文化与译型

决定翻译译型的主要是作者、译者、读者、原文文本与正在翻译的译文文本五个变量。在此认为，划分翻译译型，可以先依次按照这五个变量的分类来划分，然后可以将这五个变量交叉起来划分。下面，将按照这个原则，先依次按照上述五个变量来划分，然后再交叉划分，最后引入语境构型概念来讨论译型配置。

关于正在翻译的译文文本在前面的讨论中没有对其进行分类，但是，对正在翻译的译文文本的分类，一方面可以参照原文文本的分类，另一方面可以参照译者心目中的读者与译者本人来进行。因为，在写作译文文本时，译者一方面要尽量考虑原文文本所含的信息与作者的交际意图，另一方面读者与译者本人对正在翻译的译文文本有调节作用。但是归根结底，作者、原文文本、读者与译者本人对正在翻译的译文文本的影响都是通过译者来施加的，因此，正在翻译的译文文本问题归根结底是译者问题。

还有一点必须说明的是，话语的问题主要是个话题的问题，同时还有个话语的表达方式问题；同样，文本或语篇的问题，主要是一个体裁、题材与写作方法的问题。本书虽然不准备讨论翻译与题材、翻译与写作方法，但设有专章讨论翻译与文体和体裁、翻译与语体和风格。由于翻译与文体和体裁、翻译与语体和风格等问题将在后面进行讨论，而翻译与题材本书中将不进行讨论，因此，这里讨论翻译译型时，可以暂不考虑文体、体裁、题材与语体、风格对翻译译型的影响。但必须指出的是，基本上是就翻译中的语境来讨论的。从翻译语境的层次性与动态性的角度，可以将翻译语境分为翻译中的语境、创作语境、译作语境、人物语境与戏中戏语境。需要补充的是，交际具有阶段性，在交际过程中，事件在发展、地点在变更、时间在推移、人物在更迭，这些动态进程都可以划分阶段。因此，将翻译宏观语境、将各从属层次的语境称为局部语境、将各动态语境的阶段性进程称为阶段语境；相应地，将与上述语境对应的翻译译型分别称为宏观译型、段译型。译型配置就是用系统功能语言学关于语境的三个变量及其子变量来配置上述三种译型中的具体译型。例如，翻译中的语境，从译者的角度看，是由理解语境与表达语境构成的。只要具体分析理解语境中的语旨、语场与语式，就能够完成理解交际。在此基础上，进一步分析表达语境中的语旨、语场与语式，主要是结合读者的实际情况，在调整语旨的基础上，适当地调整语场与语式，就构成了一个翻译译型。

必须指出，在交际框架中，正如在前面指出的，译者虽然是替他人服务，却是一个主动的交际参与者。在翻译交际中，也正如前面说的，是底层交际决定表层交际。在底层交际的第一阶段，同译者进行交际的作者实际上就是译者理解中的作者，不是现实生活中的作者。在底层交际的第二阶段，同译者进行交际的读者是译者心目中的作者，不是译作的实际读者，不是现实世界中的读者。从这个意义上说，翻译译型大可以从译者的角度来划分，译型配置也大可以从译者的角度来配置，只不过在划分译型、配置译型时要充分考虑作者与读者方面的制约因素罢了。但考虑到这样划分与配置译型会显得过于激进，也由于如果这样来考虑问题，译型的层次会显得过于复杂才作罢。

第五节　跨文化视角下日语课堂教学策略

一、日语知识教学策略

（一）语音教学策略

1. 重视模仿

（1）直接模仿

直接模仿是指不进行任何修饰的模仿，可以根据原型示范、录像带、录音机等材料进行直接模仿，最典型的直接模仿就是语音跟读。

（2）分析模仿

分析模仿是根据汉语中没有的或难以单纯依靠听力来分辨的，需要通过文字、语音讲解等形式来介绍发音规则和方法，才能进行模仿的一种教学方法。例如日语发音中的拨音和促音的发音规则等。分析模仿通过比较日语与汉语的语音差异以及对分类记忆发音规则，来提高学生发音的准确度，增强其进行发音练习的自信心。

2. 假名教学重在认读、书写

日语中的假名是由汉字发展而来，数量较多，既包括五十音图，又包括元音、辅音、拗音、拨音、促音、长音等，写法与汉字的书写要领大致相同。因此，可以采用认读、书写训练等方式识记假名，教师多分享练习技巧，提高学生对假名的熟知度，并配合听、说、读，将笔语训练与口语训练相结合，互相促进，可以提高学生对假名的识记效果。

3. 分辨语音的教学

在语音教学过程中，为了能够准确地进行模仿，听觉训练是不可缺少的，而进行听觉训练的关键是辨别语音。辨别语音有多种练习方式，比如听说式辨音、听写式辨音以及朗读式辨音。

（二）词汇教学策略

1. 揭示词义策略

从表面上来看，有些日语词汇与汉语词汇的词义相同，但实际上其表达意义的内涵和外延都与汉语有所区别。要想正确的理解日语词汇中的词义，就要根据词汇本身的特点，通过直观释义、分析构词、联系上下文等方式，充分分析词义的概念、内涵以及外延，准确把握日语词义。

2. 记忆词汇

（1）意向识记

意向识记是指识记者是否做好记忆前的准备，词汇的识记效果受有无意向以及意向状况的制约。一般情况下，具体意向的识记效果往往高于模糊意向的识记效果，因此，在进行词汇识记前，要做好识记的计划，明确识记的目标，这样才能提高识记效率。

（2）特征记忆

特征记忆就是记忆者通过感知、类比词汇的特征来记忆词汇。特征记忆会给记忆者留下词汇的第一印象，如果把握不好，则会使记忆变得模糊，不利于后续记忆和复习。

（3）材料加工记忆

材料加工记忆就是将需要记忆的词汇进行分类整理，组成易于识记的组块，找出一个组块中词汇的内在联系或差异，方便学生对词汇进行记忆，可以增强对词汇的理解和记忆效果。

（4）感官协同记忆

记忆者在接触到日语词汇时，凭借自己的视觉、听觉、感觉等第一印象，对日语词汇进行短时记忆。然后再充分利用易于识记的感觉通道，增强记忆刺激，不断加深记忆，形成长时记忆。

3. 保持记忆

记忆的过程中伴随着遗忘。在教学中，必须重视保持记忆的训练，例如，可以通过复述、复习、过渡学习、及时回忆等方法来降低遗忘的概率。

（三）语法教学策略

1. 把握语法体系

日语语法具有两套语法体系，即文语语法和口语语法，这两个语法体系为日语语法增添了许多其他语法没有的语法范畴和词类。日语词汇数量庞杂、变化多样、意义复杂、形式抽象，再加上一些惯用词和敬语的存在，日语语法教学增添了不少难度，也对教师的教学方法提出了更高的要求。语言表达的场合、表达者的身份地位、表达者的语言习惯等都可能会对同一语言内容造成歧义，出现交际摩擦。因此，学习并掌握日语复杂的语法体系是教师与学生都必须重视的一项问题，也是一项难关。

2. 记忆语法规则

日语属于黏着语系，其中一些惯用的句型结构比较复杂，不易识记，主要表现为句型搭配较多、句型结构较长，因此，记忆句型是日语语法教学中的一大难点。另外，助词、助动词的应用在日语语法中占重要地位，除了要记住助词和助动词，还要记住一词多义、词汇搭配、词语活用等，又为学生学习日语语法增加了很多难度。对于初学者来说，造成这一问题还有两个方面的原因：一是初学者并不是很熟悉这些句型；二是初学者受到母语的影响。

3. 正确理解语言规则

随着现代社会科学技术的发展和人们交往活动的频繁，对日语的要求也越来越高。日语中的词汇可分为两大类：一是以表达客观事物为主，二是以表达主观意志为主。主要表达主观意志的助词、助动词，构成了日语语言的框架。在日语语言中，句子内部成分之间的逻辑关系，句子之间的衔接关系，说话人的语气等几乎都依赖于助词和助动词来表达。

因此，按照日语语言教学的特点，我们将这一部分具有语法功能的词汇归类于语法。近些年来，日语语言学界对"日语语法教学主要是语法功能词的教学"的认识也达成共识，学生对日语语法功能词的掌握是近年日语能力检测的重要内容。

二、日语技能教学策略

(一) 听力教学策略

1. 听音会意策略

听音会意是指通过辨别语音，结合词义，感知、辨别并理解句子的正确含义。由于表达者的身份地位、音色、音调和音质都会有所差别，其对于同一个句子的表达会给听音者带来不一样的感受，影响对词汇、句子的理解。因此，听音者应该培养分辨各种语音的能力，即对不同地区、不同性别、不同年龄层次的人的日语发音的辨别能力。

培养日语学习者的辨音能力，主要集中在语音教学阶段。培养辨音能力，需要通过各种各样的语音辨别训练来提高学生的语音辨别能力，减少发音差别给听音带来的阻碍。培养辨音能力的目的就是要正确理解词义，既要理解讲话者直接表达出来的内容，也要准确把握话语中省略、隐含的内容。训练出强大的辨音能力既需要长期的听力磨合，又需要扎实的日语知识功底和日本文化基础。

听音会意的基础是掌握扎实的语言知识和语言文化，但是即使已经掌握语言知识和语言文化，也不一定能马上准确理解词汇含义，还需要结合实践性的训练才能使听音会意技能更加纯熟。具体可以采用多听、精听与泛听相结合的方式来训练听音会意能力。

2. 培养听解能力

（1）中间不停顿听解训练

在进行听力训练时，即使学生遇到听不懂的地方，也不要停顿或者反复听，应该不停顿、快速、综合地将语言训练材料听完，再反思遇到的问题。因为停顿或者反复听会影响听力效果，违背了听力材料的真实性，如果养成这一不良习惯，那么在进行听力训练时，就容易将注意力放在词义而并非句子的整体含义以及逻辑关系上，不利于训练自己的语言理解能力和逻辑思维能力。

（2）选编好的听力训练材料

选择听力材料时，要注意选择比较常规的、新语言现象较少的内容，这样才能在未完全掌握语音和语义的情况下，有效训练日语听力。那些不适用于训练听者听力水平的语言材料，对于听者来说，虽然可以达到"练耳"的目的，但总体意义不大。另外，过难的语言材料不仅不利于听者理解听力内容，还会打击听者的自信心，不利于听力能力的培养。

（二）会话教学策略

会话教学策略的关键在于学生日语思维能力的培养。

1. 背说训练

将完成背诵的文章再进行背说练习，是一个有效的日语思维训练方法。在背诵阶段，学习者对记忆内容的印象大多停留在背诵内容在书中的位置、词汇的形状等方面；在背说阶段，说话人会将自己的注意力集中在需要表述的内容的思维逻辑方面，相对背诵来说，背说训练会使记忆效果更加深刻。

2. 看图说话

看图说话是训练日语思维的一个有效方法。图片作为一种语言材料，其本身就具有一个框架，有利于说话者进行构思，做出有内容的表达。

3. 仿说训练

仿说就是在观看日语录像或者听日语录音的同时，模仿说话者的发音、语气、音调等，能够有效地提高说话人的语音听解能力、记忆能力和思维能力。

（三）阅读教学策略

1. 提高阅读速度策略

（1）定时训练

为了提升日语技能，每天都安排一定的时间进行阅读是提高阅读速度的一个必要手段。学习者最好能够做到每天 20 分钟的阅读时间，至少坚持三四个星期看到阅读效果。阅读时间的选择也很重要，找一段能够不被干扰的时间最为合适，如清晨起床后或晚上睡觉前。

（2）默读习惯

在阅读过程中，默读的阅读速度比诵读快，因此，要想提高阅读速度，就必须养成默读的习惯。默读能够使视觉和听觉、动觉相联系，发挥感知与识别、迅速推测的协同作用，从而达到提高阅读速度的目的。虽然通常外语教学主张通过高声诵读来增强声音对大脑皮层的刺激作用，这似乎是与默读相互矛盾的，但是经过训练以后，默读的阅读效果不会逊于诵读。

2. 提高阅读理解能力策略

（1）精选阅读材料

如果材料中语句的意思晦涩难懂，使得学生不得不通过逐句翻译来理解文章的意义；句子结构过于复杂，学生必须反复推敲才能理清头绪。以上这两种状况都会给学生的阅读训练带来较大的负担，减少学生训练日语的机会，容易使学生失去阅读的兴趣。因此，在选择阅读材料时，要为学生准备容易理解和接受、符合价值观、可供综合性阅读使用的材料。我们要以学生熟悉的词汇和语法为基础，中间可以掺杂少量的可以根据文章来推测意义的生词，要符合大多数学生的学习能力。

（2）做好阅读准备

学习者在拿起一本书阅读时，要从这本书的序和目录读起，先了解全书的大体内容，建立起书本内容的结构，否则容易导致对书或文章内容的理解是一个个的知识碎片。

序言是作者对一本书或一篇文章的内容、写作缘由、写作背景、写作特点等做出的说明；别人代写的序叫"代序"，主要是他人对这一作品的思想感情、艺术特色等方面的认识和评价。无论是哪种序言，都是有利于我们理解作品内容的有价值的参考内容，帮助阅读理解文学作品。目录是指作品的框架结构，通过阅读目录，我们可以建立起作品的理论框架，将每一章节的内容联系起来，在脑海中显示出清晰的文章脉络，有助于理解书本或文章内容。

除此之外，阅读准备还包括对阅读作品的作者、历史背景、作品赏析等相关内容的资料搜集和阅读，有助于加深对作品的理解。

（四）写作教学策略

1. 分阶段、有步骤训练

写作能力的培养应该与听、说、读、写等言语技能一样，分阶段地进行训练，贯穿整个日语学习过程，而不仅仅是高级日语学习阶段所要完成的教学任务。在初级阶段，写作只是编写短句或短文，对新学习的语法或者词汇等进行灵活运用，在这个过程中，也可以不断复习和巩固已有的知识。随着对日语知识的深入学习，日语写作能力也要相应提高，例如，变换句式中的词汇、语体和人物角色等，采用多种方式来表达内容，使写作内容更加灵活丰富。

2. 多形式大量练习

可以通过多种形式进行书面语或口语形式的笔语表达，例如，看图写话、造句、翻译词句、创作短句等。例如，在翻译词句时，遇到不熟悉的词汇，尽量不要立马查阅词典，而是根据句义来推测词汇的含义，这样不仅能够节省翻译的时间，也能加深对陌生词汇的记忆，训练日语思维能力和想象能力。

要想达到能够熟练运用语言规则的效果，需要经历大量的、长期的训练。笔语表达具有可以慢慢思考、反复修改的特点，可以有效地帮助学习者准确、自然和灵活地使用日语语言。

3. 构思和捕捉灵感

正式开始写作之前，学习者需要对写作内容进行构思，做好写作框架。在构思过程中需要灵感的支撑，这种灵感并不是凭空而来的，而是来源于知识和经验的积累。学习者可以从一个标题、一个句子或者一个图片中发现写作线索，迸发灵感。一方面，学习者需要扎实努力，打好日语知识基础；另一方面，学习者需要具有一定的话题敏感度，善于捕捉灵感。将这两个要素综合发挥，才能达到良好的日语写作训练效果。

第七章　跨文化视角下日语技能教学的发展

语言与文化是相辅相成的，全球一体化背景下，跨文化交际能力成为日语人才培养的新内涵。教师在科学开展与实施日语教学时，积极引入跨文化视角下的日语技能教学，不仅能够有效帮助学生科学掌握日语的相关知识，还能够增强学生的语言综合素养。

第一节　跨文化视角下日语听力教学的发展

一、日语听力教学的原则

（一）渐进性原则

学生在课堂上多进行口语交流能够有效提高学生的听说能力。在我国的日语教学中，教师在课堂上多用汉语进行授课，学生缺乏全日文的教学环境和进行日语训练的机会。因此，教师在课堂上要尽力为学生营造日语语言环境，坚持由简到繁、由慢到快、由易到难的渐进性原则，用日语口语来组织教学，为学生提供讲日语的机会，使学生在反复练习中不断提高日语听力能力。

（二）情景性原则

在语言学习过程中，进行情景互动是提高学生听力能力的重要途径。教师在日语课堂上，不能一味地对学生讲，还要调动学生的积极性，用日语与学生沟通互动，营造一个自然、舒适的日语教学氛围，另外，教师还可以鼓励学生之间进行互动，为学生提供真实的语言体验。由此可见，良好的课堂氛围是由教师和学生共同营造的。只有在这种舒适的课堂氛围中，才能更好地创建一种与学生母语语言环境相似的自然的日语语言环境。

（三）综合性原则

在进行听力练习之前，教师应该为学生制定明确的目标，比如根据听力内容设置问题，找出内容中心句等。这样可以使学生提前做好心理准备，根据不同的听力目标选择不同的听力方法。如果教师给学生设定某一个单一的听力方法，就会具有局限性，限制学生的进行思维发散，导致课堂氛围沉闷，使学生缺乏学习兴趣。因此，要想提高学生的日语听力水平，就需要处理好听与说、读、写之间的关系，将语言输入技能和语言输出技能有机结合。例如，在听力教学中，教师可以采用以听为主，以听说、听读、听写为辅的方式对学生进行综合训练。这样不仅可以丰富听力教学内容，活跃课堂氛围，还可以培养学生的自主学习意识和能力，为学生营造真实的日语教学环境，提升学生的日语综合水平。

二、跨文化视角下日语听力教学模式的构建

（一）课前任务布置

一方面，市面上的日语听力教材很少有文化要点提示，有的也只是以"趣味知识"形式在文末出现。不少教师在课堂上讲到某个关键词才会联系到语用知识或者文化背景上去。由于没有充分准备，所以讲解中主观意识较强，不能条理清晰地讲解。所以事先根据教材，整理出必要的文化知识点，分出难易点，准备讲稿、PPT等课件，确保语用信息的准确性，进行有效输入显得尤为重要。

另一方面，真实语境可以由视听媒介提供。听力教学里的会话基本来自日常生活，像日语听力初级阶段教学的会话一般发生在便利店、车站、饮食店、百货商场、学校等各种场景中。例如在便利店里预约演唱会门票的对话、饮食店里点餐之类的对话，由于中日社会文化背景的差异，国内日语学习者对于这些场景存在陌生感，所以很难快速融入会话语境中，造成听力理解延误。为此，采用视频媒介，可以让学生直观地看到这些场景，对相关社会文化现象有更具体的了解。现在信息手段发展迅速，网络上视听资源丰富，合理利用这些资源，可以解决纸质教材缺乏既视感、生动性的问题。

布置课前任务时，教师可以通过微助教、微信群、QQ群等移动信息平台进行发布，而学习者也能开展随时性、碎片化、移动式的学习。教师在课前将相关文化信息的讲解材料发布到平台上，监督学生进行自主学习。同时，视频资源可以布置给学生去搜集。因为语用意识的培养不能只靠教师单方面的输入，

也需要学生自己多发现、多思考。教师将每课所需视频的目录清单发给学生，采用小组合作模式，让每个小组分头去搜集这些视频，最后由教师从中挑选出适合教学用的片段。学生搜集来的视频经常出乎教师意料，给人惊喜，更符合学生的审美观，能够激发他们的视听兴趣。

如上所述，课前任务主要提供真实语境，该环节中教师可以充分利用移动平台激发和监督学习者自主学习，而学习者通过小组合作形式参与视频材料的收集，形成师生互动，共同完成课前任务布置环节。

（二）课堂练习

课堂练习是日语课堂教学中一个重要的组成部分，其目的是使学生在学习课文后，能够加深理解记忆。在日语听力课堂中，教师进行课堂练习的目的不只是检查学生对语言知识和听力技能的掌握情况，还要关注并培养学生对日语语言的应用能力。

听力训练实施过程中，教师引导学生将掌握的语用知识转变成恰当的语用表达，对听力文本进行正确的意义构建，同时要注意学生所犯的跨文化语用失误。听力与会话以及翻译的不同之处在于产出形式。会话有口语输出，翻译有书面输出，都能够直接观察到学生的语用失误，而听力是学习者与有声文本进行的一场无声的沟通，最后用以判断沟通是否成立只能依据问题的答案。但答案正确也不能百分之百说明学习者正确把握听力文本的含义。所以教师要对听力文本进行分析，预测学习者可能出现的错误，采取翻译句子或提问方式来确认学生是否真正理解。

课堂练习具有时长较短、内容较简的特点。在结束课堂讲授后，教师应重复明确教学重点，根据教学内容来布置合适的课堂练习，使课堂练习发挥出帮助学生回顾课堂内容的作用，还要帮助学生认识到自己对于本节课内容学习方面的不足之处。

（三）课后反馈

课后反馈包括教师对学生学习效果的反馈和学生对教师教学效果的反馈。在课后，教师将学生在练习或测评中的出现率和出错率较高的内容进行总结和分析，并及时反馈给学生。学生在接收到教师的反馈后，需要重新审视自己的日语听力理解过程，分析自己的失误，并总结新的听力思路，记录下来反馈给教师。这个互动过程既可以是线下面对面交流，也可以借用线上平台进行交流。例如，教师在线上平台发布点评，同时学生也发表自己的观点，以一种聊天的方式展开互动，坚强学生与教师进行交流时的心理负担，以免反馈信息不实。

通过课后反馈环节，对于教师而言，可以了解到学生真实的日语听力理解情况，把握学生的语言应用能力，及时调整教学方法；对于学生而言，课后反馈环节能够加深自身对课上新学知识的记忆和理解，强化日语语言应用能力。

三、跨文化视角下日语听力教学的发展策略

（一）加强文化背景知识的介绍

语言是传递文化的媒体，学习和使用一门外语，如果只学它的语音、语法、词汇是远远不够的，还应该学习所学语言国家的文化背景知识，包括文学、艺术、地理、历史以及人们的生活方式和习俗等。高效率的理解要求听音者将话语及其背景知识联系在一起。如果对所学语言国家的文化特征缺乏足够的认识，对许多句子的理解就会局限在字里，容易犯"望文生义"的错误。语用学研究在特定情景中的特定话语，特别是研究在不同的语言交际环境下如理解语言和使用语言，所以要做到以下两点。

1. 加强词汇的文化内涵的传授

众所周知，由于文化背景不同，同一个词对说话者和听话者可能有完全不同的含义。很多词汇，中文和日文的意思就完全不同。如果不了解，很容易造成误解。

2. 注意语用的文化差异的分辨

从交际的角度看，弄清说话人的意图甚至比理解语言本身还重要，即理解话语的交际价值。

听力是要求学生具备对所学语言有较高敏感性的一种能力，语言敏感性来自对语言的熟练程度，要达到这一熟练程度，就必须跨越文化差异所造成的文化障碍，有意识地去了解所学语言的文化。日语教学的目的主要在于使学生学到地道的日语，从而进行畅达的交际。只有有意识地培养运用日语思维的能力，人们才能在信息量大的听力理解过程中反应敏捷，迅速而准确地理解说话者的意图，达到提高听力的目的。

（二）丰富文化交际的认知渠道

学生听力教学应尽力让学生全方位、多层次地接触不同层面的日语。听力课具有快节奏、高效率的特点，要求听者全神贯注，在极短时间对所听的内容做出最快速的反应。学生在听力训练中如果处于被动的学习地位，就容易产生焦虑情绪，影响学习效果。教师可以引导学生通过具体的语言实践，了解和掌

握各种文化背景知识的方法。比如可以通过听听日语歌曲、看日语原声电影等，来增强学生的视觉感受，诱发学生的听音兴趣。在听录音材料的过程中，要求学生从整体上把握对话主旨，带着较具体的问题去感受日本文化的内涵，帮助学生在实践中加深对不同文化背景知识和风俗习惯的理解，从而达到提高学习效率的目的。多学习和模仿日语为母语者的非语言技巧。从影视作品、书本等渠道听听日本，人的说话习惯和交流方式，可由于在情境下去听，会大大提高日语学习者的学习兴趣，会使学生减少听力理解的障碍和失误的减少。

（三）引导学生发现文化差异

文化差异会直接影响到学生对课文结构和句子构成的理解，这就要求教师在教学中要从文化视角进行分析、比较，引导学生发现文化间的异同。只有通过对比，才能发现母语和日语之间结构和文化之间的异同，从而使学生获得一种跨文化交际的文化敏感性。在实际的教学过程中，教师应多给学生介绍一些跨文化交际中语用失误的实例，帮助他们提高认识，使他们逐步具备比较的能力。

第二节 跨文化视角下日语口语教学的发展

一、日语口语教学的内容

日语口语教学是以培养学习者的口头交际能力为目标的课堂教学，其教学内容大致包括以下三个方面。

（一）语音、语调教学

语音、语调具有一定的表意功能，人一开口说话就必然会涉及语音、语调，如高低起伏、轻重缓急、音调音质等。在教学中，教师不仅要关注句子层面的语音、语调，而且更要关注口语语篇中的语音、语调。

如果发不出想发的音，那么就无法表达想表达的意思。这句话充分说明了在口语教学中语音、语调教学的重要性。

（二）口语的特征

口语有其自身的语法和词汇。例如，在口语语篇中，当谈话内容涉及听者的时候，疑问句通常省略主语和辅助动词。口语中常见的词汇模式是重复单词、使用同义词和反义词等，了解口语的特征有利于提高学生说的得体性。

（三）交际知识和互动技能

怎样开始谈话是一个重要的问题，怎样结束谈话也是一个值得研究的问题。在口语教学的过程中，教学需要引导学生掌握下面一些口语交际的技能。

（1）话轮转换技巧对会话的成功起着至关重要的作用。话轮转换对于本族语者来说很容易而且很自然就可以学会，但对于二语学习者来说却不是容易的事情。

（2）口语教学还应培养学生在互动中进行意义磋商的技能，要求做到引出话题、转移话题、插话、维持交谈、引起注意、话轮转换、澄清意思、请求澄清、表示倾听和理解、预示和结束谈话以及利用语音、语调表达意思等技能的培养，以达到"提高说的得体性、准确性、流利性和连贯性，增强语感"的教学目的。

具体到教学过程中，日语口语教学的内容包含了语音训练、词汇和语法、会话技巧等，下面就这些内容做一些介绍。

1. 语音训练

语音教学的目的在于让学生掌握正确的语音和语调，包括重读、弱读、连读、音节、意群、停顿等。错误的发音、语调会造成他人的理解困难，甚至误解。因此，语音是学生在日语口语学习中必须掌握的内容。

2. 语调

语调，是指语音的"旋律"，也就是声调高低的变化。日语语调分为上升调和下降调，不同类型的句子使用的语调不同，表达的含义也不同，在句子中使用不同的语调可以表达不同的含义。

日语语调特点是平缓，没有大起大落，一个单词放在句子中，重音往往会有变化，原则是保持整个句子平缓，只要做到这个单词和它的前后保持平调，那么就不至于让人听着不舒服，语调基本上就是正确的了。

3. 节奏

日语是典型的节奏语言，说到节奏，就不能不提及音节。日语的音节，以假名为单位，一般都定义为"一个假名为一个音节"（拗音是两个假名一个音节）。音节分长音节和短音节两大类，日语音节只有一长一短的特点。日语的节奏有五个基本规则：

（1）两个音节（假名）一个节奏；

（2）以停顿补足，确保两个音节一个节奏；

（3）长音节优先组合；

（4）音节依次组合；

（5）数词的节奏。

二、日语口语教学中影响跨文化交际的因素

（一）语言类影响因素

日语交际具有表达委婉，一般有不直接强调个人主张的习惯，这就造成在语言表达方面日本人更加倾向于通过上下文语境对自己的意图进行表述。同时由于在日语文化中比较重视团结意识和集体理念，因此在组织内部表达思想过程中往往倾向于与他人一致，在人际交往方面也希望能保持和谐的人际关系。这就使跨文化交际中日语口语表现出简洁、简单的特点。例如在口语交际方面，受到日本文化的影响往往会采用人称代词省略的表述形式，具体如"山田でございます"（我是山田）中就省略了"我"，采用谦虚的方式介绍自己，以表示对对方的尊重；在"こっちへ来てご覧になってください"中就省略了"你"的表述，使用敬语表达自己对对方的邀请之意。同时，在日语的口语表达习惯中，也往往会使用敬语，表达出说话者对对方的尊重以及自己的谦卑、谦虚情感。

（二）非语言类影响因素

在日语跨文化交流中，除语言类因素对交际效果有影响之外，人们的表情、视线、讲话的语气乃至时间观念等这些非语言性因素也是影响日语教学效果的关键因素之一，直接关系着日语学习者能否正确使用日语语言表达自己的思想与感情。因此，为了提高跨文化交际语境下日语口语教学的有效性与针对性，还要分析日语文化语境下口语交际的非语言性因素。例如，了解日本人相见时常用的鞠躬礼、餐桌上的就餐礼仪等方面的内容，保证在促进学生日语口语表达能力发展的同时，能够让学生更好地参与各种场合的日语跨文化交流，真正起到促进日语教学、培养日语口语交际能力与文化素养的目的。

三、跨文化视角下日语口语教学的发展路径

（一）组织开展日语文化交流会

日语口语表达能力的提升和跨文化交际能力的培养需要学生具备一定的日

本文化基础作为支撑，因此在教学实践中教师可以将日语文化的融合渗透作为切入点，组织学生参与日语文化交流会，重点讨论日语交际中需要注意的问题，并对学生的口语表达能力进行有效的训练，对学生日语文化素养加以培养，夯实口语表达能力培养基础。

如可以将"日本の桜の複合体"作为主题组织学生参与讨论和交流活动，重点讨论日本人对樱花的情感以及在表述樱花问题过程中应该注意的问题等。以此为基础，教师渗透日本以"桜"为主题的精神文化，并适当融入日本礼仪文化方面的内容，在讨论中讲解日语口语交际方面的注意事项，使学生能结合樱花文化对日本文化形成更加深刻的认识，能在日语口语交际中结合日语文化背景和语言习惯对表述方式进行调整，确保日语口语交际能得到认同和肯定，为日语跨文化交际创造便利。

（二）搭建日语网络交际平台

日语口语表达能力的训练需要丰富的日语交际基础作为支撑，所以在信息时代背景下，结合日语口语交际教学的现实需求，教师可以综合分析跨文化交际背景的影响，搭建日语口语网络交际平台，在平台上中日友人进行沟通和交流，互相学习跨文化知识技能，对学生的日语口语表达能力进行有效的训练。在此过程中，通过中日友人的相互帮助和合作，学生能参与到日语跨文化交际实践中，能在有效的沟通和交流中不断纠正自己口语表达方面的错误，能循序渐进地提高日语口语表达综合能力，为学生更好地参与到日语跨文化交流中创造条件。

（三）组织社会实践探索活动

日语跨文化交际能力的培养和口语教学质量的不断提升需要将学生带入到特定的社会实践情景中，在社会实践活动中对学生的跨文化交际能力进行针对性训练，争取能为学生创造良好的日语跨文化交际体验环境，提升交际综合效果，为学生对日语口语表达知识的学习提供坚实的教育基础。

第三节 跨文化视角下日语阅读教学的发展

一、日语阅读教学的原则

（一）重视课前预习

在当今信息技术如此发达的时代背景下，学生可以利用互联网和电子设备进行课前预习。这就要求教师提前将本节课的教学目标提前公布给学生，以便学生进行有针对性的预习。

假如本节课的教学主题是中西方建筑，那么教师设定的教学目标可以是以下形式。

（1）通过略读和寻读，了解中西方建筑的差异。

（2）体会中西方建筑蕴含的文化价值，并能用一些词汇和句型介绍中西方建筑的差异。

（3）深入思考中西建筑文化差异的根源，形成文化自信。

学生完成了课前预习之后，教师可以在上课之前检查他们课前预习的情况。以中西方建筑为例，教师可以让学生以小论文的形式介绍中西方建筑的差异。

（二）力求课后提升

结束了师生在课堂上的探究之后，学生需要通过课外作业来巩固课堂上所学的知识，这样可能会让学生有新的收获。以中西方建筑为例，教师在课堂上让学生说出自己最喜欢的中西方建筑，并用日语表达中西方建筑的差异。通过对比中外文化的异同，学生能够更加深刻地理解中西方文化。当然，因为在课堂上学生都对彼此提出了意见，那么在课外学生们就需要结合这些意见进行复习。所以，课外作业可以是以中西方建筑为主题的写作，这与课堂内容紧密联系，但又不同于课堂内容。通过不断思考、对比及查阅资料，学生找出了产生不同文化的历史根源，这个过程就有利于对学生思维能力的提高和文化意识的培养。

（三）保持适当进度

阅读能力与阅读速度是既有联系又有区别的一组概念。需要注意的是，很多学生都对阅读能力与阅读速度之间的关系存在一种错误的认识，认为二者是正相关的关系，即阅读速度越快，阅读能力就越强。事实上，二者之间没有绝对的关系。例如，有的学生阅读速度较慢但理解能力强；有的学生阅读速度很快但理解能力差。

因此，教师应该从阶段和目的出发，对阅读效果、阅读任务、阅读方法等因素进行综合考虑，对学生的阅读速度进行调整，使其达到张弛有度，具体可采取以下两种手段。

（1）教师在日语阅读教学的起始阶段应将学生对阅读材料的理解作为重点，因此可适当放慢阅读速度。

（2）随着日语阅读教学的不断深入，学生在词汇量扩充、语法知识的增加以及语感提升方面都会逐渐取得进步，教师可向学生提出阅读速度方面的更高要求。此外，为阅读训练规定时间要求或加大阅读训练的强度都是十分有效的方法。

总之，教师既要重视学生的阅读速度，还要注重学生的理解程度。

二、日语阅读教学要点

（一）阅读速度

根据教学大纲的规定，在语言学习的初级阶段，阅读的速度应当在1分钟50~80个词在语言学习的高级阶段，阅读的速度应当在1分钟100~130个词。学习者刚开始进行阅读练习时，因为尚不熟悉文中的词汇、日语的使用规则，加之对文中的内容较为陌生，所以，达到大纲的要求比较困难，只有不断地进行训练才能提高阅读的效率。

（二）语言理解

日语中助词和助动词的广泛使用，使日语的复句与单句不同于汉语，语序也不影响语意，长修饰语在句子中也使用频繁，这就造成人们难以理解语句意义或文章宗旨，必须反复阅读。这也是阅读速度慢的原因之一。

（三）阅读兴趣

学习者在阅读文章时，如果遇到不理解的语法或不认识的生词，往往会停止阅读去查找生词或去确认语法的使用。原本连贯性的阅读过程就被迫中断，阅读的过程实际上就成为生词和语法学习的过程。如果阅读时反复出现这种中断的情况，学习者阅读的兴趣就会降低，就会感受到阅读的压力，从而产生对阅读行为的抵触心理，最终导致对阅读行为的放弃。这种情况在学习者中经常出现。

（四）工具书

阅读过程中并不排除使用工具书，重要的是应学会使用工具书的方法。有些学习者因为觉得烦琐，不愿意使用工具书，有些学习者对工具书产生过度的依赖，完全用工具书代替自身对知识及词汇的记忆，以上两种做法都不正确。在阅读的过程中，如果不会正确使用工具书，会降低阅读的准确性，影响阅读的速度，也难以调动起阅读的兴趣，所以指导学生有效使用工具书也是阅读教学的重要任务。

（五）思维能力

阅读是一种需要进行领会的学习过程，它与写作和会话等表达式的学习方法不同。但是，阅读的过程同样也需要调动起各方面的能力去参与其中，如想象能力、判断能力、归纳能力、概括能力、推理能力、分析能力、综合能力等。如果阅读时仅仅对其中的语言符号进行机械式的辨别，则难以达到阅读的真正目的。学习者在朗读文章或默读文章时，常常会因为将注意力放在语音、语调上，而对语义未给予应有的关注，阅读过程中没有思维的有效参与，造成在阅读理解方面出现困难。

三、跨文化视角下日语阅读教学的发展策略

（一）四环节阅读策略

四环节阅读策略就是通过由点到面的综合概括，逐步缩小记忆范围，利用较短的时间掌握全部阅读内容的阅读方法。它比较适合学习新的知识，特别是

适合需要记忆的学习材料的阅读。四环节阅读策略包括精读材料、编写提纲、尝试背诵和有效强化四个步骤。

1. 精读材料

精读材料就是对所要学习的内容，抓中心，细心阅读，根据材料的不同类型、不同分量，掌握其要点、重点和难点，理解知识间的必然联系，在大脑中形成一个知识的网络。

（1）重视日语中的接续词、指示代词的应用，以准确把握日语句与句、语段与语段、上下文之间的关系。

（2）对陌生词汇、语法现象等要通过查找资料弄清楚，以免误解语义。

（3）对学生不熟悉领域的文章，事先布置阅读相关的母语资料，以帮助阅读理解的顺利实现。

（4）应用画线策略、提取中心词策略等，找出文章中的核心词、语句，从而在把握文章的中心意义的前提下通篇阅读。

2. 编写提纲

编写提纲，即在理解所学内容的基础上细致地进行筛选、概括、总结、组织，然后根据材料的性质，用自己的语言，简明扼要地编写提纲，如每篇划分为几个部分，每个部分划分为几个段落，每一段概括为一句话等，从而使文章核心清晰直观地展现出来。编写提纲是提高阅读者智力活动的积极有效的方法。层次分明、逻辑性强的提纲便于记忆和保持，有利于再现材料的"意义依据"。

在对日语文章进行编写提纲时，可以采用"六个 W"提问策略，即 When（何时）、Where（何地）、What（什么）、Who（谁）、Why（为什么）、How（如何），同时注意：

（1）找出各种有关时间的数字信息。

（2）所读材料的主要内容是什么，选择某个疑问的正确回答。

（3）作者想要说明的问题是什么，概括主人公从事某种活动的主要理由。

（4）了解作者的态度并确定自己是否同意作者的观点。

（5）对某事件进行归纳和解释。

日语文章中材料的标题，或者每段的第一句和最后一句很重要，关注这部分内容，有助于抓住文章大意。阅读能力提高中的编写提纲的技巧与写作能力提高中的提纲编写技巧有异曲同工之妙，可以互为借鉴。

3. 尝试背诵

尝试背诵就是对所写的提纲，按照顺序反复试着回忆，遇到不会和不清楚的地方再翻书本对照，进行反馈，然后针对薄弱环节进行二次反馈。这一过程是对阅读材料进行内化的过程。

阅读理解阶段的背诵不同于全文记忆，关键是要抓住文章的脉络、主题。这有利于对全篇文章的理解。特别是阅读长篇小说或科普文章时，对提纲的记忆，能够让读者长时间地保存对文章的记忆。

4. 有效强化

有效强化就是用最短的语言，抓住概念的内涵、实质和阅读材料的核心内容，再对提纲进行压缩，使之成为简纲，即把每一句压缩为关键的几个字。然后针对简纲进行强化回忆，以求在头脑中留下长久的印象。

（二）提高阅读速度的策略

人们在阅读速度上存在很大的差异，特别是外语的阅读速度，直接受读者对所读语言材料在语言学、文章内容等方面熟练程度的制约，快慢之分显著。

但是需要明确的是，阅读的根本目的是理解，阅读速度应该是理解的速度，理解是最重要的，一味地加快速度而不理解是没有意义的。提高阅读速度就是提高理解速度。

1. 定时训练

有必要每天都安排一定时间来阅读。至少要持续进行三四个星期，每天阅读 20~30 分钟，最好找一段不被干扰的时间，如清早起床后或晚上睡觉前。

2. 视读习惯

因为在阅读过程中，默读的速度高于低诵和诵读。要提高阅读速度，必须养成默读的习惯，使视觉与听觉、动觉联系、感知与识别、迅速推测协同作用，以提高阅读速度。通常外语教学提倡高声诵读，以提高声音对大脑皮层的刺激作用。这与默读似乎是矛盾的，但是经过训练，诵读与默读的能力都能具备。

3. 视幅训练

初学外语者一般视幅不宽，阅读时视线往往逐词停留。而心理学实验表明，一般人的视幅达 4~6 厘米，即覆盖 20 个左右的假名或汉字，阅读 4~6 个单词。因此，一般人的阅读速度每分钟为 250~300 个词。但是初学者的阅读速度每分钟只有 50~60 词，因此通过扩大视幅来提高阅读速度，很有潜力。

4. 阅读单位

初学者往往逐词阅读，逐词理解，从捕捉信息的角度来说浪费很长时间。因为每个词都传递信息，也并非每个词都单独传递信息，所以为了提高阅读速度，必须逐步扩大阅读单位，从词的单位逐步扩大到以语义、意群、句子为单位。

(三) 增强阅读理解能力的策略

分析性阅读与综合性阅读都需要充分理解语言材料。影响综合性阅读能力形成因素有很多，如读者的智力水平、生理条件、兴趣和性格、社会经济文化背景、日语语言的基础等。在阅读过程中，读者的主观努力固然是决定阅读效果的主要因素，但是通过有效的阅读训练，可以挖掘潜力，有步骤、有程序地培养适合自己的阅读习惯，以提高阅读能力。

1. 精选阅读材料

精选阅读材料，是指对学习者来说供综合性阅读使用的材料，应该是比较容易理解和接受的，否则就需要经过翻译语句来理解文章的意义，失去训练日语思维的机会。

如果阅读材料中生词过多，难免不停地查字典；句子结构过分复杂，每句都要反复推敲，也会使读者失去阅读的兴趣。因此综合性阅读的材料要以熟悉的词汇和语法结构为基础，即使是有少量的生词也应该是可以推测其意义的。

2. 提高阅读兴趣

学习者对所阅读的材料感兴趣是提高阅读理解水平的钥匙。通过选择阅读材料、明确阅读目的和任务、规定阅读时间等各种阅读学习的监控，达到乐于阅读，从被动读到主动读，提高阅读的积极性。

3. 多种形式的阅读

阅读过程中通常以默读为主。默读是理解语言材料的最有效的方法，其成效超过朗读。但是默读时间的长短要有效监控，时间过长，有些学生的自制力不够，就会在阅读过程中停顿或注意力分散。因此，可以通过预先设问、读后回答或发表阅读感受、小组讨论等方式，将阅读目标具体化，设计一个明确的阅读目的。或者将一篇较长的文章分成几个部分，大部分要求默读，小部分要求诵读，通过阅读形式的变化提高阅读兴趣。

第四节　跨文化视角下日语写作教学的发展

一、句写作

　　句写作也被称为造句。造句也是一种言语表达的基本技能，是生产言语的基本能力。与思想的表达有所不同，造句时可以不去刻意考虑社会语境等特殊因素，而只要将短语以及词汇等语言材料按照语法的要求组织起来即可。所以，书面的造句也只属于语言练习的一种方式，其目的是培养语言表达的技能。造句也有不同的层次划分，如初级阶段常用的替换性造句等、中高级阶段的自由造句等。通常所说的句写作侧重于自由造句方面。

　　书面造句与口头造句完全不同。口头造句的输出功能主要由发音器官来完成，发音的质量在很大程度上会对造句效果产生影响，而且，由于要在很短的时间内完成造句，也没有使用工具书的条件。因此，所使用的词汇通常都较为简单，而且很少有机会去对话句进行校对和修正。而书面造句的输出功能主要通过手的书写来完成，有比较充分的时间去使用较为复杂的词汇，也有机会去查阅工具书，并且不会受到严格的时间限制，造句完成后，还有时间进行认真思考，可以对造句进行检查，对瑕疵部分做出修改。书面造句对于语法的结构以及选词与用词方面有着更高的质量要求。日语中的日常对话与书面用语也有较大的差异。

二、文章写作

　　文章写作也是写作的重要形式。文章写作是一个自觉的过程，必须通过自觉学习来掌握这一技能。文章写作不可能借助面部表情、手势、身体动作等语言辅助表达手段，只能依靠文字和标点符号来表达思想，因此不会有即时的反馈。文章写作可以反复考虑和修改。反复考虑就可以慎重措辞，反复修改就可以表达完整、表述清晰、减少错误。

　　提高学习者的笔语能力是设置写作课程的主要目的。撰写文章时的能力是一种写作能力，这是一种高级的表现形式，而用笔语去回答相关的问题，也是一种写作能力，这是一种低级的表现形式。因为日语的文章体和口语体之间有着明显的区别，口语主要用于日常的对话，所以，口语同"说"及"听"有着更为密切的关系。而文章体则主要在笔语交流时使用，所以，文章体同"写"和"读"有着更为密切的关系。在所使用的词汇以及所采用的语法体系中，文章体与口语体几乎是两套不同的系统。所以，同其他语言的学习相比，日语学习中写作能力的培养更加重要。

提高日语写作能力要依靠日语语言结构能力和阅读能力的培养，同时也要依靠听、说能力的培养，写作能力培养的目的就是把各种学习中获得的语言知识综合地运用到书面交际中去。

作者的构思及表达能力的高低，决定着写作能力的优劣。在写作课或作文课中，安排学生根据不同的体裁和题材进行写作训练，这是训练学生表达能力以及构思能力的有效方式。

在学习日语的过程中，编写文章的提纲、汉语译成日语、造句都可以被视为写作训练。这也是日语教学中经常采用的教学方法，这些训练方式主要用于培养学生的写作能力。日语教学的目标之一就是提高学生的写作能力，进行写作训练还能加强学生的日语思维训练，帮助他们熟悉日语的语言结构。学生可以通过撰写日语文章来提高日语的笔语能力。

写作能力即书面造句能力、搜集素材能力、书面语言的运用能力、捕捉灵感能力、构思能力、组织和形成思想的能力等。

三、跨文化视角下日语写作教学的启示

（一）文化导入

在日语写作教学中，教师应该鼓励学生通过各种渠道来了解中日文化差异以及中日写作上的不同之处，尽量减少由于中日文化差异对学生引起的写作方面的负面影响，提高学生对日语语言的实际写作运用能力。

对于中国学生而言，仍然处于汉语文化环境中学习日语语言和文化，其日语学习的思考方式、表达方式以及写作方式都会在无形中受到汉语文化的影响，这十分不利于学生进行日语学习。因此，在日语写作教学中，教师应该为学生创造日语学习环境，比如，通过图片、视频等教学手段，让学生了解日语文化，增强对日本文化的了解和认识；教师还可以邀请外籍教师、学者与学生进行交流，在日常交流中了解日语文化的方方面面。学生通过多种渠道来接触和了解

日语文化，可以逐渐开阔视野，提升日语写作能力，领悟日语文化，培养用日语熟练表达的能力，避免中国式日语。

（二）对比分析

中日文化差异导致中日语篇写作特色差异。教师可以将中日语篇的文章结构、写作特色、遣词造句等方面的特点进行分析并讲授给学生，帮助学生了解中日语篇写作的差异，在写作中有效避免汉语思维的影响，使其写出更符合日语文化特色和表达习惯的语篇。例如，在写作教学中，教师可以先让学生详尽地分析日语课文中的写作技巧以及语言特色，了解各种题材和体裁文章，帮助学生对日语文章结构有一个立体的、清晰的、综合的认识。

教师在批改学生作文时，要及时指正学生在写作中不符合日语表达习惯的语句，将其与地道的日语表达方式进行对比，将差别清晰地呈现在学生面前，引导学生进行修改，逐渐养成日语表达习惯。

（三）读写结合

读是写的基础，两者有着密切的联系。从一定意义上来说，没有阅读能力就不可能进行良好的写作训练，因为作为语言输入的"读"可以为作为语言输出的"写"积累语言材料，可见，阅读与写作相辅相成，密不可分，二者缺一不可。在日语写作教学中，教师可以为学生提供题材广泛、体裁多样的日语材料，供学生平时阅读和积累，对日本的社会制度、传统文化、道德观念、思维方式等方面得到大致了解，积累日语写作材料，避免因知识储备不足导致写作受到阻碍。

另外，要想充分地将读的作用发挥出来，教师应该培养学生边读边做读书笔记的习惯，在做笔记的时，学生可以开阔思路，为后续写作做铺垫。这是可以快速地提高学生的日语写作水平的有效方式之一。

（四）仿写训练

受到母语文化的影响，中国学生在写日语作文时，会无意识地使用中文思维，将汉语直观地翻译成日语写出来。这种直接的"汉译日"的写作方式不仅导致写作效率低下，还会造成语义误解，对日语写作有着负迁移的作用。为了有效避免这种机械性的写作模式，在写作教学时，教师可以引导学生仿写日文材料，对于日文材料的选择，既可以是课文内容，也可以是文学名著。在仿写时，如果学生遇到生词难句，可以借助词典、语法书等工具书进行辅助，能够帮助提高学生日文仿写的效率。一方面，通过仿写，学生可以积累一定的日语写作素材，了解地道的日语语篇；另一方面，学生可以在仿写过程中培养良好的日语语感和写作习惯。

第五节　跨文化视角下日语翻译教学的发展

一、日语翻译教学的原则

（一）准确性原则

准确性原则是指在日语的翻译过程中，要准确、真实地将源语言所表达的信息用目标语言表达出来，做到信息等值，即原文读者获取的信息与译文读者获得的信息内涵相等。需要注意的是，这里的准确并不仅仅指要求语法、标点和词的拼写正确，更重要的是句意不变，不能使读者误解原文含义。

不同于那种具有华丽的辞藻、多样的修饰语的文学作品，日语涉及的内容往往比较规矩、严肃，因为日语翻译并不追求语言的艺术美，更注重"达意"，能够达到使用的目的即可。因此，在进行日语翻译时，译者一旦读懂原文，就可以将注意力集中到用目标语言表达日语意义上。

1. 根据内涵选词

在日语翻译时，根据词语内涵直接在词典中查找相应的词汇往往并不可靠，因为日语中的一些词汇往往有着独特的含义。

2. 谨慎选用易混淆的词语

由于需要进行翻译的日语材料多为经贸文件和资料，要求内容规范、具体，需要精确表达，因此，在翻译时需要仔细甄选易混淆的词语，否则容易造成语义含糊不清甚至语义错误的情况。在日语中，敬语分为敬语词汇和敬语表达形式，敬语词汇又分为敬语名词、敬语动词、敬语助词、敬语助动词等。其中，敬语动词较为复杂，一般都有相对应的非敬语动词，有一部分还构成非敬语、自谦语、郑重语动词的完整体系。

3. 准确选词还应该符合文体要求

在选择词汇时，不仅要使其含义准确，还要符合文体的要求。文体不同于语法分析，文体受到规则的制约。语境不同，同一词汇表达的含义也可能会不同，呈现的文体效果也不同。对于日语而言，日语属于实用文体，具有较强的针对性和目的性，因此，面对不同的文体需要选择不同的词汇。

4. 准确翻译需要译者核实和理解原文的含义

在进行日语翻译时，面对具有歧义的词语或者句子，必须在准确无误地理解原文的基础上，再将其翻译成方便读者理解的译文，不可以用目标语言直译，这样容易使读者产生误解。

（二）科学性原则

科学性原则是指翻译专业性内容时，要注意术语的使用，即科学语或具有专业特色的词语，使译文更具有"科学归属性"，不脱离原文而存在。术语的词义比较严谨且单一，在运用术语时要注意术语的准确性和严谨性。术语不用于其他词汇，并不是自己造出来的，需要自己平时多多积累。因此，译者需要注重提高自己的科学素养，多接触科技产品、了解科技知识，对具有前沿性和发展性的科技产品，要了解大概的原理和构造。如果译者具有较强的科学素养，在进行翻译的时候，可以进行联想，不至于对原文内容一窍不通，译文也会显得更加连贯和专业。

（三）专业性原则

专业性原则是指在进行日语翻译时，译者除了了解和掌握平时翻译训练中常用的词汇和句型外，还需要具有一定的边缘学科领域的相关知识。例如涉及国家政策、法律法规、情报学、信息学、经济学、金融学、法学、心理学等综合知识。只有将专业性知识把握好，才能在翻译时得心应手，达到事半功倍的效果。另外，译者也要做到"知行合一"，将理论学习运用到实践中，在翻译实战中锻炼自己的翻译水平，提升自己的专业能力。

（四）逻辑性原则

逻辑性原则是指进行日语翻译时，不能只关注词汇、句子的含义是否翻译正确，还要注意前后句子之间符合逻辑关系。在科技文章中，有些句子的逻辑关系比较复杂，修饰成分较多，断句较少，甚至会出现倒装句。要想正确理解句子含义，需要理清句子的结构，句子之所以变长，是因为存在许多并列结构，包括词的并列、短句的并列等。因此，准确分析出哪些是并列结构，理解其意义后在进行翻译，就会变得简单许多。

（五）循例性原则

循例性原则是指在日语翻译过程中遵循国际惯例，按照统一标准翻译一些词汇或句子。因为经过实践及时间的检验，这些译文已经被世界各国人民接受、习惯并广泛使用，不适合再根据译者的个人理解推陈出新，避免造成语义误解。

二、日语翻译教学的现状

（一）教学模式单一

我国传统教学模式以教师讲授为主体，缺乏师生间的双向交流、互动。受应试教育体系、课时有限等因素影响，日语翻译教学也不例外。课堂上教师就某一翻译理论、翻译技巧进行讲解，随后出示例句，与学生一边做翻译练习一边做解释说明。教学过程中，学生自主学习的意识不强，翻译课程所注重的实践性也难以保障，没有形成以学生为主体的教学模式。并且，在教学内容安排上注重语音、词汇、语法等语言知识的积累，对语言背景和文化涉及不多。不仅是日语翻译课程，整个日语教育体系也呈现出"重语言训练、轻实际功能、轻文化传授"的特点，课程设置比较单一。虽然我国高校日语专业对人才培养中文化要素的重视程度日益增加，但是与英语、法语等西方语种专业相比，在跨文化交际相关课程开设方面，日语专业相对落后。特别是在低年级阶段，以语言类课程为主，人文类课程设置不多。许多高校开设了日本社会文化、日本概况、日本国情等课程，但是与基础日语、高级日语等语言类课程相比受重视程度不高，课时分配也较少。课程内容安排过于单一，导致学生虽然能够翻译出正确的语句，但却难以在特定的语境下进行顺畅的交流，与具有跨文化交际能力的高素质人才的培养目标尚有一定距离。

（二）缺失语言环境

任何语言的学习都离不开语言环境，语言环境包括两个方面，即课堂语言环境和社会语言环境。课堂语言环境中，学生在教师的引导下接受系统的日语翻译训练、习得翻译理论与技巧。目前，中国日语学习者的语言环境主要来自课堂，与课堂语言环境相比，社会语言环境缺失。特别是一些地方非外语类院校，学生很难接触到日本留学生，平时能够进行交流的日本人只有外教。一些高校受地理位置等因素制约，在招聘日语外教时会遇到困难，甚至出现无外教的"空窗期"。此外，高校与日资企业、翻译公司等企业间合作交流不够紧密，学生缺乏实践实训机会。社会语言环境的缺失阻碍了学生跨文化交际能力、日语翻译实践能力的培养。

（三）缺乏专业教师队伍

日语专业学生获得翻译理论与技巧的主要渠道是课堂。并且，与英语专业不同，大部分日语专业学生是在进入大学后才开始学习日语的，日语基础相对薄弱，对教师与课堂的依赖性更大。因此，翻译课程教师队伍的建设显得格外重要。作为翻译课堂主导者的教师，既要具有较高的双语能力，又要具有丰富的日本社会文化知识。就目前高校日语专业翻译课程授课情况来看，部分授课教师非翻译专业出身，需要在课堂教学实践中边授课边摸索教学方法、积累教学经验。并且部分教师缺乏在日本留学、工作、生活的经验，虽然具有扎实的日语语言知识，但是对日本社会文化的体验与理解不够深入，跨文化交际方面知识储备不足。只有教师具备较高的语言能力与跨文化交际能力，才能游刃有余地开展翻译教学，部分高校日语翻译课程师资队伍的能力与水平还有待加强。

以上3方面的因素导致学生虽然掌握了一定量的词汇和语法，但是缺乏跨文化交际思维与翻译实践经验，有时会引起错误翻译或对翻译无从下手。相对于中国以农耕、畜牧为主的大陆文明，日本是以渔业为主的海洋文明，因文化背景、社会环境不同，对同一事物的描述中日两国有时会采取不同的表达方式。比如，中国有"瘦死的骆驼比马大"这个说法，而日语中则使用含有喜庆寓意、价格昂贵的"鲷鱼"做比喻，表达为"腐っても鯛（即便腐烂了也是鲷鱼）"。再如，表示用自己不成熟的想法引出他人更好的想法、起到开阔思路作用之意思，汉语中表达为"抛砖引玉"，而日语中则使用"海老で鯛を釣る"（用小虾钓鲷鱼）这个说法。在日汉互译中，此类例子还有很多。如果学生不了解中日间文化差异，就很难做出恰当、精准的翻译。

三、跨文化视角下日语翻译教学的发展方式

(一) 改革教学模式

首先，转变教学理念。语言与文化是相互联系、相互作用的。教师要改变传统的教学观，认识到日语翻译课程的教学目标是既培养学生日语语言能力又培养学生跨文化交际能力。改变日语教学"重语言、轻文化"现状，在翻译课程中注重语言训练的同时，多融入日本社会、文化、国情等方面知识，培养文化理解能力和人文素养。其次，改变教学方式。打破以教师讲授为主的"满堂灌""填鸭式"课堂教学，适当安排学生小组讨论、情景模拟、翻译发表等课堂活动环节，激发学生的主动性与积极性，锻炼学生日语翻译能力与交际能力。第三，完善教学手段。国内日语学习者获取日语语言、文化知识主要是通过课堂，如何选定合适的教材和教学资料是一个关键问题。这需要教师从实际出发，跳出原有教材模式，比较各教材内容、取其所长，适当加入反映当今社会发展变化的内容，进行教学设计、课件制作。通过文字、图片、视频、日本网站、时事新闻、日文原版书籍与材料、微课、慕课等多种教学手段，让学生切实感受到日本人的思维模式与交流方式，生动形象地为学生构造一个多维度、立体式的课堂语言文化环境。

(二) 构建语言环境

日语翻译中出现的错误，有时并不是由于词语、语法表达不当造成的，而是由于异文化思维不足所导致的。为构建良好的语言环境，在课堂外，邀请外教共同开展日语角、日本文化节等活动，增加学生与日语外教的沟通交流，培养学生实际运用日语语言知识、异文化思维的能力。通过举办演讲比赛、翻译大赛等课外实践活动，锻炼、提高学生日语翻译水平及应用能力。中国教师与日本外教进行合作分工，衔接好课堂内外教学。此外，积极开展国际交流活动，邀请日方教师、日本留学生、日企工作人员参加本校交流活动，为学生构建跨文化交际的语言环境。有条件的学校应该为学生提供到日资企业、翻译公司进行实习的机会，在经济状况允许的条件下鼓励学生去日本留学。全球一体化、"一带一路"等时代背景下，中日两国间的经济文化往来日益频繁，这对日语翻译人才提出了新要求，也为日语翻译教学带来了新课题。跨文化交际能力的

培养是高校外语教学的重要目标之一，也是现代大学生人文素养的一种体现。翻译是一门综合学科，教师要将翻译课程的"教"与"学"有机融合起来，语言教学与文化教学双管齐下，提高学生跨文化交际意识与人文素养，培养适应时代和社会发展需要的复合型翻译人才。

（三）提高师资水平

跨文化交际过程中所涉及的文化差异范围广泛，国家间的价值观、思维方式、风俗习惯、道德观念、社会制度、行为方式等差异无所不在。这对日语翻译课程师资队伍的建设提出了更高的要求。有学者指出："转型期的日语教育者首先要提高自己的跨文化交际能力，把日语与运用日语科研结合起来"①。这需要日语教师不断优化自身知识结构，不仅要研究传统的日语语言学、日本文学、日本文化，也要有相当一部分教师从事日本社会、日本经济、国情研究、对比研究等新领域的研究。此外，教师要注重自身语言能力和综合素质的培养，多参加文化讲座、翻译培训与学术交流等实践活动。接触日本最前沿的语言、文化知识，主动更新、优化自身知识结构，在与其他专家学者沟通中提高语言能力与交际能力。作为教师教学与科研的后盾，学校应该提供政策、资金等方面的支持，为教师创造参加外事活动或赴日交流的机会，开阔教师视野，增强对文化的敏感度与跨文化交际能力。

---

① 修刚. 转型期的中国高校日语专业教育的几点思考［J］. 日语学习与研究，2011（4）.

第八章　跨文化视角下学生能力培养与教师发展

在跨文化视角下，教师不仅要关注学生跨文化交际能力的培养，还应该注重自己的发展。众所周知，教师是一个需要不断成长的职业，跨文化教师的专业发展，则是一个终生之旅。跨文化教学已成为教师专业发展一个有待探索的新领域、一种新经验，因此，跨文化教师只有制定合理的、可行的发展路径，才能提高跨文化沟通技能、达到理想的教学效果，也才能促进学生跨文化交际能力的培养。

第一节　学生跨文化交际能力的培养

一、跨文化交际与跨文化交际能力

（一）跨文化交际

跨文化交际是指在文化背景和语言方面具有差异的人们之间的交流互动。在交流时，人们运用符号来创设含义和对含义进行解读。但是当文化背景差异较大时，这些符号的含义会因文化差异而存在理解差异，这种差异会直接影响跨文化交际的效果。因此，在跨文化交际过程中，文化背景交际、交际符号是否运用恰当等对交际效果有着重要的影响，另外，交际环境、交际动机也是影响跨文化交际效果的因素。

（二）跨文化交际能力

跨文化交际能力是指具有语言、文化差异的人们在进行交际时的得体、有效的交际行为能力，即能够处理文化差异的能力。跨文化交际能力是个体所具有的内在能力，能够解决同一语境中不同文化之间交际规则的碰撞和冲突问题，比如文化陌生感、交际心理压力等。如今，培养日语学习者的跨文化交际能力是日语教学的重要内容之一。

跨文化交际能力包括知识、技能和态度三个层面。其中，知识是指母语文化、目的语文化以及跨文化方面的相关知识；技能是指听、说、读、写等方面的运用能力；态度是指情感，即跨文化交际意识。

个体不可能锻炼出百分之百的跨文化交际能力，因为跨文化交际能力的形成是一个永无止境的动态过程。个体在进行跨文化交流时，会有各种各样的经历，例如正常交流，也或者是冲突，个体通过对认知、情感和行为等方面的理解，来面对新的挑战，解决新的问题，逐渐锻炼自身的跨文化交际能力。

对于跨文化交际能力的研究，国内和国外的研究重点是不同的。国外注重从宏观层面来研究跨文化交际能力，强调对文化的深刻洞察和对不同文化的积极态度，并不局限于交际能力。国内研究则注重研究语言能力、非语言能力、跨文化沟通能力和跨文化认识能力，在研究基本的交际能力的基础上，加上对情感能力、策略能力的研究。

培养跨文化交际能力的必要条件是获得新的视野。新视野的确立使文化学习的目标由记忆特定文化的文化事实转变为培养跨文化交际能力和文化学习的能力。对学生跨文化交际能力的培养已经成为文化教学中的一个重要课题，它要求学生具有较强的"文化意识"和"对不同文化的正面态度"，从而形成一种新的文化视野。此外，学生的跨文化交际能力表现在三个方面，一是学生应具备的文化理论或思维能力，二是人际交往能力，三是懂得跨文化交际的技巧。

二、学生跨文化交际能力培养的必要性

在日语教学中，学生会受到汉语的影响，从而造成较为频繁的语用文化错误，学生对不同语用文化认同感薄弱化等，都需要日语教学中强化跨文化交际能力培养。

（一）中日语用文化差异性

汉语语用文化和日语语用文化存在一定的差异性，例如文化背景差异性，使得他们在思维方式上存在较大的差异性，语言习惯也各不相同，加上风俗人情、价值观等方面的影响，造成日语和汉语语用文化差异性，亟待日语教学中培养学生跨文化交际能力。

（二）语用文化错误频率较高

在日语交际活动中，我们发现不少学生语用错误的出现与语用文化积淀有

日语教学的模式分析与跨文化视角解读

关，一些学生由于缺乏足够的日语语用文化积累，不了解日语语用文化，常常运用汉语语用习惯、思维等，母语语用文化惯性导致学生语用文化缺乏错误频现，从而削弱了学生日语交际能力，也制约日语教学效率提升。

（三）语用文化差异感薄弱化

在日语教学中，不少学生对日语文化差异性缺乏足够的认识，认为了解日语语用文化意义不大。学生思想认识的不足，直接导致学生日语语用文化基础薄弱，在日语学习中缺乏语用文化积累的意识，在实际语言运用过程中，常常出现运用汉语语用思维、习惯等，从而导致语用错误，进而影响着学生语用文化认同感的形成，亟待进一步加强跨文化交际能力培养。

三、学生跨文化交际能力培养的原则

（一）实用性原则

实用性原则是指在日语教学阶段，要注重理论和实际相结合，对于那些干扰交流的文化因素，教师应该详细讲解，学生应该反复操练，做到学以致用，不能仅将知识的学习停留在课本。在文化导入时，要遵循实用、适度的原则，着重练习与日常交流有关的文化内容。

在日语学习中，学生更容易被自己熟悉的文化知识吸引，也更具有更强的学习兴趣。结合实践进行文化教学，有利于将抽象、空洞的语言和文化变得具体、形象，激发学生学习语言和文化的兴趣，有利于加强学生对所学知识的掌握。对于一些会影响到信息准确传递的文化知识，教师应该在教学时剖析相关知识，使文化教学与语言教学紧密结合，认真将知识传授给学生，激发学生学习语言知识和文化知识的兴趣，帮助学生了解语言和文化的密切联系。

语言教学也是文化教学，清楚文化在语言各个层面上的不同映射，可在教学实践中做到目标明确，重点突出。

（二）适合性原则

适合性原则是指文化教学不应该脱离教材，文化学习的项目应该围绕教材展开，即教训内容、教学方法要适合学生的发展。

在选择合适的日语教学内容时，需要考虑到日本文化的代表性，在导入主流文化和广泛性内容时，应该把重点放在当代文化内容的导入，保证教学内容与时俱进。合适的教学方法是指在教学时，要协调好教师教学和学生自主学习的关系，除了接受日常的课堂教学，教师还要鼓励学生在日常生活中多积累日本文化知识，多进行课外实践，提升自己的跨文化交际能力。

（三）持久性原则

持久性原则是指在日语教学中，应该对日本文化进行持久、系统和循序渐进的导入。一方面，教师通过介绍日本的文化习俗、社会风俗、传统文化等内容来潜移默化地影响学生学习日语语言文化知识，激发学生学习日语的兴趣。另一方面，在日语教学中，通过对比汉语与日语在语言结构和文化知识方面的异同，进行对比学习，使学生获得一种跨文化交际的文化敏感性。

总之，社会文化知识的学习应结合语言知识的学习，跨文化交际能力的培养也应和听、说、读、写、译等语言技能的培养结合，把知识文化和交际文化的内容贯穿于日语听、说、读、写、译各种技能的培养中。而这些技能的培养又以长期系统地培养学生的跨文化交际能力为最终目的。

四、学生跨文化交际能力培养的策略

（一）加强日语基本功的训练

基本功是砖瓦，只有打好基础，才能够强化提升。教师首先要重视日语基础知识提高，才能够引导学生加强基本功训练，从而拥有稳固的日语知识基础。在日语教学活动中，要想培养学生的跨文化交际能力，必须强化学生的知识基础，学生对知识有一定的把握，才能够自信从容地面对实际生活中的交流。因此，教师在课程最初，要从平假名和片假名开始教授，强调单词和语法的背诵，让学生掌握基础的规律。在课堂中，要穿插一些简单的口语练习，培养学生自信大方的日语谈话习惯。

（二）注重文化对比教学

跨文化的交际能力发展的基础是学生对中日文化差异的理解，因此，日语教师有必要在教学过程中突出中日文化的差异，使学生重视文化差异，在应用日语时能够从文化差异的角度选取合适的表达方式。文化对比教育是十分必要的，在日常教学时，也可以开辟专门的文化对比单元，选取中日都有的文化现象，比如"新年""送礼"等的习俗进行对比，为学生展示两种文化的视频记录、文字描写记录，甚至可以带领学生去相关的文化博物馆参观，让学生了解和理解两个民族不同的行为方式。有条件的高职院校还可以利用外教资源进行文化对比教育，日本教师本身就是日本文化的承载者，他们与中国教师在教学风格、教学方法方面的对比，实际上就是文化对比的过程，学生在接受教育的过程中能够明显地感受到中日文化的差异，通过与日本教师的直接交流，也更容易主动地进行跨文化交际。

（三）注重日语教学与文化教学的同步进行

虽然大部分的教师在教学过程中花了较多时间来介绍日本的文化、地理、文学和历史等方面的各种知识，但是却常常忽视了交际文化在语言方面的影响，所以学生在真正面临交际时，非常容易将本族文化带入交流中去，从而引起了不必要的文化摩擦。因此，日语教师在教学过程中，要注重将日语教学和日本文化教学同步进行。

例如，教师在对「すみません」（对不起）这一用语进行教学时，教师除了要让学生指导这是道歉语之外，还要让学生知道这也是问候语、感谢语和招呼语。在日本人看来，这一用语几乎是"万能"的，文化内涵非常深刻。比如，你在乘车时给以为日本的老人让座，这位老人是不会跟你说"谢谢"的，但是他会跟你说"すみません"。这主要是因为，他们认为对方让座给自己，就会给对方带来一定的麻烦，所以需要说对不起。除此之外，教师还要提醒学生，在道歉时，一定要注意自己的体态和姿势等，以免让人产生不舒适的感觉。

（四）优化日语教材

对于日语教材来说，在选择时应注重基本的真实性、多样性、语境化，同时还要注重理论内容和练习的编排设计，应选择现实生活当中经常使用且比较真实的材料。不管是讲解文法还是课文内容，都应该尽可能以现实生活的真实语言文化材料为基础。所有语言内容与文化内容都要实现充分结合，使语言的具体教学内容和系统性文化知识可以融合在一起。例如，基础教材可以将重点放在让学生了解日本饮食、花道、茶道等这类比较浅显易懂的文化上；高阶教材可以给学生展示日本文化、欧美文化、中国文化等不同文化的人生观、价值观、消费观。不通过真实材料使学生深切领会各个国家之间的文化意识差异。这种教材选择的方式，有利于学生从浅入深、在真实语境下掌握跨文化交际的理论内容，进一步形成良好意识，提升交际能力，加强教学体验和反思，实现课堂教学上的充分互动。

（五）模拟跨文化交际的环境

对日语学习者而言，除了要扎实自己的日语功底之外，还要充分运用相关

的跨文化交际知识进行实践体验，教师可以利用课堂模拟实践来为学生提供实践机会。例如，模拟日本人"送礼物"的情景。大多数的学生都不知道，在日本，如果送礼物的时候说"あげます"，就让人感觉很不礼貌，所以，需要改用"どうぞ"或者"どうですか"这样一些更符合日本人思维方式的用语。

（六）开辟网络阵地

信息化时代，学生接受信息的渠道不断得到拓展，这就需要教师能够充分利用信息技术优势，开辟网络学习阵地，利用微媒体、自媒体优势，打破传统课堂教学现状，构建立体化的跨文化交际能力培养渠道。例如，我们可以利用微课、慕课等形式，开展专题语用文化教学，满足不同学生跨文化交际能力发展需要；再如，我们可以利用微媒体平台，投放交际主题，让学生利用微媒体、网络社区等，进行跨文化交际互动，从而打破时间、空间限制，让跨文化交际无处不在。

（七）注重师资队伍建设

教师作为重要的知识传授者，只有当自身该项交际意识与能力得到增强时，才可以在教学过程中实现知识补充与完善，给学生传授更多交际技巧。对此，教师团队建设最关键的点就在于此，应不断进行提升和培养。一是跨文化能力必须建立在正确认识本国与他国文化的前提下，不能出现顾此失彼的现象，即过于关注日语教学，而忽略了中国文化学习。因此需对双语文化加大挖掘和借鉴工作，通过了解才能进一步拓展教学内容，完善教学设计。二是主动更新知识，鼓励大家不断接触，并以此来收获最新的文化，不断增加自身在交际过程中的实践经验和技能。三是应重新认识自己在教学中的角色地位，加强互动与反思，成为学生学习的引导者和督促者，最大程度上激发学生的学习兴趣与热情，强化独立思考的能力。

从学校角度来看，应该全面构建起系统化的教师培训体系。一是可以通过案例学习、专家讲座、出国深造、日企见习等方式强化其跨文化交际能力；二是将外教作为核心，配合本校的日语教师构建起专项小组，在立项模式下实现教学方案设计、完善、分享、反思、交流，加强组内各教师之间的沟通交流，强化主动意识。校方还应在考核评价体系中加大对其跨文化交际能力的考察，以其交际意识和技能为重点，定期检测教学水平。由于专业教师队伍的构建需经历系统化整合，所以学校方面还应通过优化制度、增加资金投入等给予充分关注与支持。

第二节　教师专业发展与文化领导力的发展

一、教师专业发展

（一）教师专业发展的多元文化解读

目前，在面对多元文化的社会文化生态逐渐进入学校教育这一事实时，教师专业发展所依托的学校文化和教师文化等组织文化环境必然发生改变，学校教育中不同文化的并存需要教师对文化做出自己主动的反应和选择，这又会对教师的知识储备和专业素养提出新的要求和挑战。鉴于此，从多元文化的角度去理解教师专业发展，认为教师专业发展不再仅仅是教师专业知识和能力的提升，而应将之放入更为宽阔的多元文化背景中去考察，督促教师思考教育的意义与目的，引导教师在文化自觉的基础上去获取主动积极的专业成长。教师专业发展的多元文化理解也显示了文化力量的重要性，重视文化因素对教师发展的影响，并将教师专业发展本身视为一个文化建设与文化更新的过程。

从文化的角度来解释科学活动是"外在主义"的一个重要维度。所谓科学活动的"外在主义"，是指从影响科学活动的外部条件和因素来考察科学活动，把科学看成是整个社会发展的一个部分，承认科学活动与其他社会活动之间的相互依赖性，并致力于阐明这种依赖性。

教育学研究也概莫能外，从文化的角度来分析教育学成为近年来学者们的热点话题。教师专业发展作为一个研究领域，既是一个有关实质性问题的技术化过程，也是一个唤醒教师内在知觉的文化建设过程。目前，这方面的研究还没有明确地从文化角度尤其是从多元文化的角度来进行，把与教师专业发展活动有关的根本问题放在多元文化的背景下加以考察。教师专业发展的研究在很大程度上仍然热衷于对概念、命题和发展内容的静态分析，撇开专业发展活动的整体，更撇开专业发展与社会各因素之间的关系，而在专业发展的圈圈内打转。虽然，随着反思的深入，对教师专业发展的文化理解如前所述能对教师专业发展活动有个清晰的文化映像，尤其缺乏对多元文化现实的反映与应对。并且研究仍然局限于技术层面，把教师发展从丰富的社会文化关系中抽离出来加以逻辑演绎，很少追问教师专业发展现象背后的价值负载与文化假设。教师不仅仅要追寻"怎么办"，更多地还应思考"为什么""怎么会"这样的价值负载与文化建构的问题。教师应该遵循的是一种"解放之思",强调教师作为主体在批判性考察中自主地发展,提醒教师对教育前提是必须要做思考的,他必须要追问教育在学生成长、实现完满人生中的价值和意义。

因此,我们需要建构一个明确的多元文化解释的框架,以及对教师专业发展的一些根本问题进行新的理解。将教师专业发展置于多元文化的视域中加以认识和理解,实际上就是从"文化""多元文化"的概念出发,对教师专业发展进行多元文化的解读,就是将多元文化作为一种研究框架、认识的立场和方法,试图在此框架、立场和方法上来分析教师专业发展活动。即跳出以往种种的(利用标准、技术等)认识教师发展的老路,从文化行学、文化教育学、文化人类学、民族教育学、批判教育学、多元文化、多元文化教育等角度出发,首先把教师专业发展看成是一种在特定多元文化背景下进行的特殊活动,阐明多元文化与一定的教师专业发展之间存在的内在关联,再将其概念、发展内涵和发展路径等还原到多元文化的背景下去加以分析和理解,揭示教师专业发展的多元文化意蕴以及在日常的专业发展活动中为我们不曾意识到的强大的文化影响与文化支持,从而使我们对教师专业发展活动有更为清晰和深刻的理解,展望教师新的专业发展方向。这就是对教师专业发展进行多元文化理解的视野和使命。

(二)影响教师专业发展的因素

1. 自主发展意识

教师专业发展有两个推动力:一是来自系统的推动力,包括学校和社会等因素的影响;二是个体自身的推动力,受到教师生涯发展阶段和生活经验的影响。在教师专业发展的过程中,既存在教师教学所提供的外部专业环境不断变化的专业发展的物理过程,也存在以学会、教学为特征的教师自我专业发展的心理过程。教师专业发展意味着教师对自己的专业发展负责,强调教师不仅是专业发展的对象,更是自身专业的主人,是一种自我更新、专业自主的发展。这种自主意识就是教师自我专业发展的核心因素,对教师发展影响很大。自主发展意识是教师自我专业发展的内在主观动力。具有自主发展意识的教师,知道自己到底需要什么,对未来有自己的理解和追求,能有意识地寻找学习机会,不断丰富、更新自身的专业素养,促进自身的专业发展。教师自主发展意识对其自身的专业发展还具有一定的调控作用。在自主发展意识的驱动下,教师会主动将自己的专业发展状况与教师专业发展的一般路线相对照,及时调整自己的专业行为和活动安排,以期最终实现理想的专业发展。教师的自主专业发展意识是实现持续的教师专业发展之源泉。

另外，在意识方面，教师要具备终身发展的意识。在新形势下，日语教师亟须增强终身发展的意识。终身学习已成为当代最重要的教育理念之一，它将是未来学习化社会中社会成员的主要学习模式。在教师专业发展中，终身学习的理念同样关键。以往的日语教师，经历过学习和培训上岗之后，教学内容以通用日语为主，教学手段以讲课为主，往往认为这样就可以一劳永逸。但在目前的形势下，教学内容需要及时更新，教学方法和手段需要不断改进。教师的终身发展需要建立在自我观察之上——发现自己薄弱之处，通过学习新知识和新技能，实现自身的提高。

　　2. 自主发展能力

　　在教师的具体教学实践中，理论知识体现了教师对教学的个性化理解。理论知识是影响教育教学效果的重要因素之一，也是学生获得学习能力的主要来源。教师个人的理论知识是显性知识。另外，教师在教学实践中积累了一定的经验和实践知识，这种实践知识往往处于一种隐性的状态。个体教学信念与实践知识之间存在着密切的联系，它们共同构成了教学实践的前提，为教学实践提供了内在基础。教学行为与信念体系之间存在着一定的关系：教师的教学行为直接影响到其自身的内在知识体系；信念体系的显性化会影响到教学行为的有效性，进而影响到教师在教学实践中的自觉程度，从而影响到反思活动的效果。教学反思需要教师有计划地反思自己的教学实践，再反思实践结果，顺序循环往复，最终达到培养自主发展能力的目的。

　　教师理论知识和实践过程中形成的经验知识构成了教师自主发展的知识基础，教学反思则是教师自主发展能力最终得以实现的根本途径。从理论上看，教学反思的对象是课堂教学活动中出现的问题；从实际情况来看，教师可以通过教学反思来促进自我专业水平的提高。教学反思是一种积极的认知心理活动。反思过程就是教师对自身教学实践活动进行自主、有意识的规范与管理，其特点是主动性。教师反思其教学行为时应在具有积极性、主动性的基础上，重视学生、重视自己的学习情感和学习过程、重视教学效果，不断开拓进取、不断提高教学认识与要求。

　　3. 科研创新意识

　　随着社会经济的发展、科学技术的进步以及高等教育改革的深入，人们对高校培养的人才提出了更高要求。教学与科研有着相辅相成的联系，科研在对教学起引导与推动作用的同时，也对教学活动与教学成果进行了总结与归纳。教学要创新、教学成果要普及、教学艺术要探讨，这些都离不开教师的科研能力。在日语教学活动中，创新是源泉、是动力。日语教师要有强烈的教育科研意识与科研能力，能从日语教学实际出发，精选研究性课题，善于搜集整合与加工教育教学信息，能利用日语科研方法开展实验，以利于自身日语教学水平的发展。同时教师创新精神对学生创新意识也有很大的影响，改革和创新精神则是新时期日语教师素质的一个重要表现。总之，日语教师要不断更新教学内容，利用各种日语教学方法创设最佳教学情境，探索思想教育的新形式，将学生的创新能力最大化。

4. 知识储备

目前，许多学校都在进行日语教学改革，主要体现在补充非日语专业学科知识，减少日语总课时，降低基础课课时，增加选修课课时。选修课是增加学生知识储备的有效途径，具有丰富多样的内容和形式，包括日本文化类、高级语言技能类、报刊选读类等。应根据学生的个性化需求来设置选修课，这对教师的知识和技能都提出了更高的要求。

具备扎实的日语语言文化知识是对日语教师的基本要求，但是若要实现专业日语教学，日语教师也需要补充非日语专业的知识，这是教师发展教师能力的一项重要内容。日语教师可以通过日常积累或专业培训来增强自己在某一方面的专业知识，将其与日语专业知识相联系，成为跨学科的专业性人才。

5. 技能

教育者必先受教育。教师教育技能的提升体现在多个方面，其中最主要的就是对多媒体技术的掌握能力。新型教学模式利用多媒体技术与学科教学相结合，调动学生学习和探究的主动性和积极性。但是，很多教师在基本的现代信息技术知识和相关技能方面的能力有待提高。教师应接受专业的技能培训，才能提高自身现代教育技术的应用能力，保障新型教学模式的顺利实施。

（三）教师的角色定位

1. 学生跨文化意识的引路人

为了提高学生的跨文化交际能力，教师应该首先培养学生的跨文化交际意识，帮助学生形成良好的学习态度和学习动机。只有培养跨文化交际意识，学生才会积极主动地培养自身的跨文化交际能力。教师除了在课堂上讲授日语知识，培养学生的日语语言技能，还可以在课堂上为学生普及日语文化。只有具备高度的文化敏感性和文化意识，良好的跨文化交流能力和跨文化适应能力，才能解决跨文化交际出现的冲突。因此，在课堂教学中，教师应该注重培养学生的跨文化意识，具体可从课上注重跨文化内容的讲解、课下适当开展跨文化交流活动等方面进行。

2. 学生跨文化自主学习的引导者

不同于传统的"填鸭"式的教学模式，现代教学模式更加强调学生的学习自主性，重视学生的主体地位。教师应在教学中引导学生养成良好的自主学习习惯，为学生提供自主学习机会，使课堂教学真正实现"要我学"到"我要学"的转变。教师在布置学习任务时，可以给学生布置一些跨文化学习内容，内容不宜过难，要与学生自主学习能力相匹配，使学生能在学习语言的同时也学习文化知识，对于母语文化和目的语国家的文化都能有所理解和掌握。另外，教师可以运用多种方法对学生的学习情况进行检测，方便了解学生的自主学习水平，并根据学习情况及时调整教学策略，提升学生自主学习中的跨文化交际能力。

3. 语言环境的创设者

良好的语言环境对语言学习至关重要，缺乏真实语言环境的教学往往无法取得理想的教学效果。因此，教师要为学生创设真实的跨文化语言环境，例如，使用纯日语语言进行讲课与交流，课外开设中日文化交流活动，向学生展示中日传统文化习俗的异同，鼓励学生积极参与讨论等，这比学生单独学习词汇、句子等成效显著得多。

4. 文化知识的研究者

教师既是教书者也是学习者。教师除了要将自己已具备的文化知识传授给学生以外，还要不断扩充自己的知识储备，培养自己的科研能力，构建全面的知识体系。日语教师的知识体系包括日语专业知识、跨文化知识、语言学基本知识、其他学科相关知识以及目的语文化知识等，其中，跨文化知识是日语教师充实自己的一个重要方向。总之，要想给学生一滴水，教师就必须有一桶水。教师只有做到自己博学多闻，不断加强自己的知识修养，成为知识的研究者，才能将知识传授给学生，胜任教书育人这项工作。

5. 文化差异的解释者

文化差异是日语教学中的一大障碍。文化背景和文化传统不同，其价值观念和思维方式也存在较大的差异。在日语教学中，教师除了讲授日语专业知识，还要讲授文化背景知识，只有具备一定的文化背景知识，学生才能对语言有更加深刻的理解。对于文化知识内容，在讲解本土文化知识的同时，还要讲解日本文化知识，二者缺一不可。教师可以通过将中日文化差异进行对比，帮助学生理解中日文化的异同，为学生扫清日语学习过程中的障碍。

中日文化差异主要体现在风俗习惯、思维方式、社会制度等方面，具体能够在词汇、句子以及语篇中表现出来。教师作为知识的传授者，需要对中日文化差异有一个清晰的了解和认知，可以通过查阅中日文资料、观看中日文纪录片、体验中日日常生活等方式来了解中日文化差异。另外，文化没有优劣之分，因此，教师在充当中日文化差异的解释者的过程中，需要保持中立的态度，慎重选择教学素材，不能带有文化偏见，只有这样，才能更好引导学生对中日文化差异有一个清晰的认知。

（四）教师专业发展的路径

1. 注重终身学习

所谓"活到老，学到老"。时代是在不断发展的，教师也应与时俱进，适应教育的发展规划。日语教师需要不断用新的专业知识、新的理论和新的教学方法来提升自己的教学能力，培养出适应时代要求的复合型人才。

第一，教师要做终身学习理念的积极倡导者。国际化、复合型人才的培养需要日语教师具备多元开放、交叉融合的知识结构。有鉴于此，教师应时刻提醒自己：终身学习是更新知识体系的需要。一方面，在信息高速发展的时代，知识更新的速度不断加快，那种一朝学成而受用终身的观点已无法满足当前社会发展的需求，教师应充分利用各种平台资源展开终身学习。另一方面，科技的发展让教育方式发生了深刻变革。在"互联网+教育"的时代，各种新颖的教学模式，如慕课、微课、翻转课堂、网易公开课等正在改变着日语教育的方式，也对教师提出了新挑战。如果教师还按照传统的模式进行教学是行不通的，因为授课方法和师生的相处模式已经发生了很大变化。网络教学资源的开放性、丰富性和灵活性意味着知识的获得变得越来越容易，打破了之前师生信息不对等的格局，相应地，对教师的要求也会增多。教师必须要有危机意识、导向意识和创新意识，才能从容应对这些压力和挑战。可见，牢固树立终身学习理念是时代提出的必然要求。

第二，教师要做终身学习理念的积极实践者。日语教师也要督促自己，在心理上和行动上都做模范的学习者。一是主动突破发展困境，进行跨学科学习以拓展专业内涵。二是积极提升自己的学历层次，更好地将教育理论与教学实践紧密结合。三是充分利用现代信息技术，开展自我反思与评价。通过图片、视频、音频等多样化方式记录真实的教学场景，并借助相关分析工具对教学活动进行深度分析。除此之外，教师还可以借助网络平台管理课堂教学案例，撰写教学日志，建立教学反思共同体。在教师自我反思的基础上，通过小组讨论、平等对话的方式有效提高教学反思的效果，进而为自己的专业发展方向制订更加明确的规划。

2. 缓解职业倦怠，转变教育观念

日语教师应该清醒地意识到客观压力的存在，主动适应由于社会发展所改

变的工作环境，勇于面对现实，采取积极的态度解决现实中的各种困难和问题，学会调节情绪，缓解自身的压力。

（1）教师要树立正确的职业理念，把教育当作一种事业而非职业。由于目前工作任务繁重、心理压力大、学生难教，许多日语教师把教师职业当作谋生的手段，而不是一种事业来对待。基于这样的观念，教师就会以完成教学任务为目标，把工作当成一种负担。这种观念让日语教师不愿意体会也很难体会到日语教育教学中的乐趣，甚至日语教学工作对其来说就是痛苦和煎熬。为了转变这种观念，日语教师要把日语教育作为一种事业，作为自己的一种生活方式，全身心的投入，爱生敬业，由"谋生型"转变为"发展型"，逐步形成终身教育、终身学习的教育理念，在教学实践中形成正确的教育观、学生观和教育活动观。只有这样，日语教师才能体验到日语教育教学的快乐，从而为自主专业发展提供动力。

（2）教师要探求日语教育教学规律，在了解、研究学生的基础上，探求适合学校发展的教学理念，并依据学生特点，探寻合适的教学途径和方法，使日语教学不仅仅局限于纯粹的语言知识学习，而要着重培养学生实际运用日语的能力，让学生了解中日文化、风俗，学习跨文化交际知识，成为学生成长的引导者和促进者。日语教师不能把学生掌握课本上的日语单词和语法知识作为教学目标，应改变以往单纯以传授知识为主的培养目标，要以培养学生的能力为主，在学习知识的同时学会做人和做事。另外，学生日语学习的过程要远比结果重要，教师应首先激发学生学习日语的兴趣，然后引导和促进学生快乐学习并体验学习日语带来的快乐感受。日语教师如果有这样的教育观念、这样去做并取得如此效果，肯定能充分体现出日语教师的价值。

（3）选择有利于学生未来发展的教材内容。日语教学要为学生的未来做准备，学生的学习是为了将来更好地适应社会的发展，为了将来更好地生活。因此，在日语教学中，教师不但要注重学生的现实需要，更要注重学生未来的可能需求，根据学生的实际情况和实际需要，选择有利于学生未来发展的内容，在教学中注意因材施教，强化能力，学以致用，调动学生自主学习的积极性，培养学生未来岗位所必需的日语素养，让日语学习成为学生未来发展的帮手。同时，教师还要注重学生学习策略的培养，提高他们的自主学习能力，让他们学会学习，以便走出校门可以利用校内学到的知识继续学习自身发展所需的知识，为学生的未来发展和终身学习奠定基础。

3. 开展反思性教学

教学反思是指教师在教学实践中，批判地考察自我的主体行为表现及其行为依据，通过观察、回顾、诊断、自我监控等方式，或给予肯定、支持与强化，或给予否定、思索与修正，将"教学"与"学习"结合起来，从而努力提升教学实践的合理性，提高教学效能的过程。

（1）叙事反思

叙事反思是日语教师通过内隐或外显的方式将所经历的教育事件与相关感受呈现出来，为他们今后的思考提供素材。日语教师可以采用想象叙事或内隐叙事的方式，将自己头脑中的各种表象通过自己思维的加工而构成各种具有意义情节的事件，如对日语教学片段的回忆等；也可以采用口头叙事，即通过口头言说的方式将自己内心的东西表达出来，如与同事交流反思心得等；还可以采用书面叙事的方式，通过书面语言将自己所见、所闻、所经历的事件写出来，如教学日志、听课记录等。

（2）合作反思

合作反思是日语教师反思性教学和专业化发展的重要途径，包括参与式观察和合作教学等方法。参与式观察（教学观摩）以教师相互听课为主要形式来观察和分析同事的教学活动。合作教学指两名以上的教师同时教一个班的学生。现代日语教学中的合作教学可以促进教师对教学进行反思，有利于教学合作和教师专业素质的培养，也利于培养教师的团队精神。

（3）资源反思

资源反思主要包括观看教学视频和利用教师档案袋等方法。观看自己的教学视频可以使日语教师站在客观的角度考察自己的教学实践，它不仅能反映自己教学的优点和不足，也能把很多自己并未注意到的教学细节也呈现出来。教师档案袋是对所有关于学生学习和教师教学过程的记录，同时还有教师本人对这些事件的评论和解释。它为日语教师的反思提供了最直接的情境，可以帮助教师反思自己的教学过程，然后据此选择最合适的日语教学策略，促进教师自己的专业化发展。

3. 发展跨文化教育校本教研

校本教研是指为了改善学校教育教学质量，结合学校实际，利用学校本身的资源优势和特点进行的教育教学研究。

一方面，培养教师和促进教师专业发展是学校和政府的职责。学校要为教师的成长和发展提供更多机遇和更大的舞台，从在职培训和业务提升方面为教师创造条件。教师培训是确保跨文化教育理念得以贯彻落实的重要保障。当前，我国各类学校为日语教师提供的在职培训机会太少，关于跨文化教育主题的培训和研讨会也不受各级教育部门和各类学校所重视，这些因素使日语教师无法获得跨文化教育校本教研方面的培训。因此，各级教育部门和各类学校应重视跨文化教育，创造条件提高日语教师跨文化素质和跨文化教学能力。另外，教学系部和教研室可以多举行教研活动，讨论如何把文化教学融入语言教学，切实有效提高教学中文化内容的比重，尤其是研讨如何结合中国文化和日本文化进行对比教学，鼓励教师提升文化素养。

另一方面，校本教研强调，教师是教学研究的主体，教师应在教学实践中积极申报教育研究课题，教研相长。要加强校本教研，必须提高教师教学研究的意识和能力。教师不仅要十分注重提高自己的专业能力，而且还要注重发展自己的全面素质。整个教育创新的活力就在于使教师成为教学研究的主体。教师应积极实现专业自主发展，从被动接受培训转化为主动谋求动态发展。教师应对自己的职业发展有较为明确的规划，在稳步提高教学技能的同时，加强专业知识的学习，特别是对于母语文化、异文化、跨文化方面的学习。

二、教师文化领导力的发展

（一）教师文化领导力的内涵

教师文化领导力指的是教师文化层面的领导力，包括两个方面的内涵，一是教师领导者的文化视野、文化内涵以及文化影响力；二是教师领导者的认知、智能以及思维方式。教师文化领导力往往通过其领导观念和领导思考力体现出来。文化领导力体现于领导者的价值观念、道德品质、知识素养等方面。

教师文化领导力是一个体系，它包括教师的价值观、意识形态、心理、精神风貌、魅力形象等。教师的价值观决定教师对教育活动的目的与意义的基本观点和看法，直接反映教育活动中的价值取向、价值关系及其结果。其构成成分包括教师的价值取向、价值标准和价值评价。教师的意识形态是教师对教育活动、制度、关系及在整个教育体系和教育过程中对教师的地位、作用及其相互关系的基本观点。教师心理是教师通过对教育动机、教育情感、教育态度、教育信念等直观的认识之后在自己的内心深处所形成的对教育活动的关注与体认。教师魅力是教师表现出来的鲜明而独特的个人素质，这些素质包括真诚坦率、优雅风度、慎思自信、幽默风趣、理解信任等。

教师的认知能力相对于其他品质而言有着独特的作用。虽然它无形无状，但却是教师文化领导力的重要构成要素，起着关键性作用。可以毫不夸张地说，教师认知力是一种起决定性作用的隐性文化领导力，不同的认知模式会产生不同的教育行为，有什么样的教育认知力，就有什么样的总体教育领导力。变革型教师领导者的认知模式是对学生自我独立和创新的期望；关系型教师领导者的认知模式是把追求和谐及理解作为学生行为的驱动力。

教师的文化视野是教师文化领导力的核心要素,其文化领导力通过教师的文化视野、教育活动的文化内涵以及文化影响力体现出来。它不仅体现教师所接受的教育程度和具备的文化知识,还反映教师在其教育活动中产生的观念意识,是教师文化个性的积累和积淀。教育活动以及外界文化因素会对教育行为带来直接的影响,从这个意义上可说教师的文化视野、教育活动的文化内涵和文化影响力是教师文化领导力的核心与灵魂。

(二)教师文化领导力偏失的根源

1. 功利教育的强势及其影响

第一,科学主义的出现让知识教育得到极大的强化。16 世纪后半叶到 17 世纪出现的机械技术、科学技术以及制造业让人们深信只要依靠各种技术,人类的生活水平就能得到改善和提高,人类的幸福坦途就能得以重新开辟。由这种信念产生的教育理论注重实用主义、感性经验知识,认为教育需顺其自然全面发展人的天赋、让学生掌握能满足一切生活需要的知识和技能以备走入社会之需。然而人文主义却指责科学主义仅用有用的知识,而忽视非物质精神和道德价值。这些指责不无道理,它触及科学主义教育中的功利性问题。科学的发展从一开始就被赋予了功利性要求,如使用科学来开发矿场、军事武器等。培根的"知识就是力量"、霍布斯的"知识的目的是权力"这些功利性的期待让科学知识逐渐渗入学校课程体系,这是功利教育的前奏。

第二,由于功利主义的推进,科学知识根据社会效用原则被重新组织和分层。斯宾塞在"什么知识最有价值?"的思考引导下,率先运用功利主义理论阐述课程中学科的相对价值,并根据用途将学科的学习秩序进行排列,如:(1)自我保护的活动;(2)保证生活、间接自我保护的活动;(3)培养子女的活动;(4)政治、社会关系的活动;(5)闲暇活动。他认为最有价值的知识是科学。随后各国进行了一系列的教育改革,1918 年美国提出"教育的七大原则":使其身心健康、熟悉基础训练、家庭的有效成员、具有就业技能、履行公民职责、善用闲暇时间、拥有道德品德。20 世纪的现代化运动把"合理"与"效率"原则推向了顶峰。舒尔茨在 20 世纪 60 年代中期提出了"教育产业"。教育产业是实现经济效益的最佳途径,培养了大批具有劳动技能的学生,但它却忽视了人的素质,忽略了人的存在意义。[①]

2. 语言符号学习观

第一,语言理论领域对语言符号的研究是语言符号学习观的直接依据。所

---

① 刘艳玲,童莉芬. 课程与教学论[M]. 南昌:江西高校出版社,2015:67.

谓语言符号研究就是语言学家对于语言的字词结构、发音、音位以及字词组合的结构、规则等方面的研究。语言学的历史可以划分为四个主要阶段；传统语言学、历史比较语言学、现代语言学、当代语言学。其中，当代语言学超越了语言符号研究的框架，对语言的运用、语言概念之间的联系、语言的社会功能进行研究。

第二，日语语言教育的历史展现出一条语言符号技能训练之路。随着时代的发展，外语教育的观念渐渐朝着文化理解发生改变。交际法依然是当代外语教育的主要教学方法，其教学目标是为了提高学生在语言情景中的交际能力。交际教学法中交际能力培养的理念使其经久不衰，走过了几十年的风雨历程，并逐渐为世界各国外语教学领域接受。交际教学法引进我国是在 20 世纪 80 年代，它成为引领大、中学校教学改革的理论依据之一。从此交际教学法被认为是与传统教学法决裂的教学方式。但尽管如此交际教学法依然还是语言符号技能的训练。

（三）教师文化领导力发展的策略

1. 建立文化领导力评价指标体系

评价指标体系是日语专业教师文化领导力发展质量的保证因素之一，是综合评价的基础。其构建过程反复迭代，包括收集信息、分析目标、确定指标体系结构、设计指标内涵与标度、分析指标权重以及对指标进行有效性分析等。日语专业教师文化领导力的形成过程和发展结果存在诸多不确定性，因此选择合适的、多元的评价方法显得很为必要。在很多评价方法中有主观评价法、客观评价法；单一评价法、组合评价法等。日语专业教师文化领导力的评价拟采用主、客观综合法或单一、多元综合法。

（1）主、客观综合法

①主观评价法是通过评价者主观的经验而得出的评价结论，其中有专家会议法、专家打分法等。其优点是易于理解和操作，但难于保证评价结论的客观性和准确性。专家会议法就是让经验、知识丰富的专家集体开会来进行评价，它有助于专家们在会议中相互交流、相互启发、取长补短。但会议必须合理安排以避免权威的压力性心理阻碍。专家打分法就是将设计好的评价问卷表分发给专家，让他们匿名评价打分；然后反复反馈信息给专家，直到结果趋于一致性为止。但在此过程中征询专家对评价因素及权重的意见，选择业内高权威和有代表性的专家显得尤为重要。

②客观评价方法基于数理或统计理论，对评价对象定量描述、计算或者统计分析后得出评价结果。其优点是客观公正性强。但现实评价中的主观影响因

素较多，因而客观评价方法有时不够灵活。

（2）单一、多元综合法

①单一评价方法主要是采用单一的评价方法对评价对象进行评价。

②组合评价方法就是选择多种合适的评价方法对评价对象进行组合评价。组合评价有对评价过程的组合、有对评价结果的组合等。

2. 以教学团队建设促进文化领导力发展

日语教师的文化领导力发展应主要着眼于及时更新教育教学理论知识，丰富和拓宽知识结构，努力提高信息技术能力等。而促进日语教师文化领导力发展的主要策略则在于加强日语教学团队的建设，鼓励教师间相互合作，以团队发展促进个人文化领导力发展，并为其提供支持。

（1）按学科类别整合师资，重点建设精品课程

根据学科的具体特点和课程的发展需要，形成方向相对一致的学科类别，将教学团队进行专长细分，鼓励建设精品课程，以点带面，促进教师文化领导力发展。

鼓励教师结合自身的专业优势和兴趣组建课程教学团队；遴选经验丰富、创新意识强、教学效果好的教师作为课程带头人，和青年骨干教师及教辅人员，组建精品课程教学团队。充分发挥传帮带作用，实现团队成员之间的优势互补，促进教师文化领导力发展和整体素质的提升。

（2）组建科研兴趣小组，以团队合作促进个人发展

针对日语教师教学任务繁重，难以兼顾教学和科研的问题，鼓励教师结合自己的专业背景、个人优势和兴趣，按学科类别组成科研兴趣小组，鼓励团队合作，通过分享学习心得和交流教学经验等方式，激发教师的科研兴趣。

（3）明确政策指引，完善教师发展竞争机制

明确政策导向，鼓励科研与教学并重，是促进日语教师专业发展的关键。如实行科研型骨干教师培养计划，为科研能力强且成果显著的教师减轻教学任务。实行科研与教学并重的激励机制，激发日语教师进行教学实践探索和创新的积极性。制定合理政策，合理规划，分层推进日语教师文化领导力发展。

日语教师文化领导力的架构与日语专业教育以及整个社会的大环境息息相关。日语专业教育在多元文化共生的语境中无法摆脱来自经济的全球化、劳动力的多样化、灵活多变的工作安排、和谐的人际关系以及对社会负责的行为期待等因素的影响。

3. 加强教师职前学习

（1）制定职前学习计划

职前教师除了接受专业技能训练以外，还需制定其文化领导力的学习和训

练计划。但在制定学习内容与训练计划时要考虑到职前教师个体的差异，让其明确了解：第一，预期目标、完成任务的条件、达到目标的标准；第二，认真考虑学习过程的各个环节与阶段，助其做出合理的学习安排；第三，帮其选择符合各自习惯的学习方式以真正达到学习效果；第四，充分考虑其学习环境以保证其在具体实践中能很好地应用其文化领导力。

（3）职前学习内容的确定

日语专业教师文化领导力的具体内容包括：第一，价值观念：正义民主、个性自由、机会均等、竞争意识、敬业进取、依法管理；第二，思维方式：理性演绎、求异创新、直线分析、实证求真、认知风格、超前思虑；第三，跨文化素养：目标语文化与本土语文化兼顾、主流文化与少数民族文化兼顾、尊重学生文化的差异性、教材与活动的多文化化；第四，文学艺术特质：文学作品评价、美术欣赏、音乐品评与修为；第五，交际策略：转述与迂回、借用与求助、非言语表达。

（3）学习效果的评价与考核

对于一些日语专业教师必备的文化个性与技能需在学习结束之后对其进行考核与评价。考核与评价的方式可以灵活多样，重在促进其文化个性的养成。对于那些难于考核的内容如思维方式、价值观方面的成分需通过长期的跟踪、检验与考查。总之日语专业教师文化领导力的发展是一个长期而持续的工程而非一朝一夕、呼之即来挥之即去的简单工作。

4. 注重职中培训

学习通常表现为三种方式：经典条件反射、操作性条件反射和基于社会认知理论的学习。经典条件反射是一个过程，在此过程中学习者把条件刺激与非条件刺激联系起来而引发条件反射。让职中培训成为教师的条件反射，即教师工作一段时间之后，自己感觉有接受培训的必要。

第一，树立培训观念，注重职中培训。日语专业教师必须转变观念才能真正从思想上接受和重视培训。如果观念固化认为培训多此一举的话，培训的效果也就可想而知了。培训不仅需要学校的经济成本还需要教师的时间等方面的成本，但它确是一项长期的人力资本投资，学校的生存与发展在于其竞争力，而竞争力的高低有赖于人才，培训和教育是人才的成长和进步的必经之路。培训还是一种激励日语专业教师积极上进的措施，不仅能激发教师的工作热忱，还能让教师谋划自己的职业生涯和发展战略。

第二，完善培训机制，建立合理的评估体系。日语专业教师文化领导力的形成过程和发展结果存在很多不确定因素，因此合适、多元的评估体系显得很为必要。日语专业教师文化领导力的评估拟采用主、客观综合法或单一、多元综合法。

　　第三，建立有效的激励制度。培训倦怠期或培训瓶颈期的克制有赖于良好的激励机制。激烈不等同于培训效果，但它却是决定培训效果的因素之一。人们所受的激烈不仅仅是金钱，它是多方面的。当然金钱对于人来说是重要的，但当今的人们往往受到挑战性工作的激烈，他们寻求能使他们在教育领域获得成功的工作，并因此而获得酬劳。总之，激烈是多样的，但在不同情形之中选择最合适的激励方式才是最有效和最重要的。

参考文献

［1］毕泽慧．日语语境与互动教学研究［M］．北京：北京工业大学出版社，2018.

［2］曹大峰，林洪总．日语教学法的理论与实践［M］．北京：高等教育出版社，2015.

［3］陈唯．教育生态视域下高校日语教学研究［M］．北京：现代出版社，2019.

［4］陈钟善．日语教学理论与实践［M］．哈尔滨：东北林业大学出版社，2018.

［5］程青，黄建娜，高岩．日语教学与实践应用［M］．长春：吉林人民出版社，2018.

［6］程青，张虞昕，李红艳．日语教学理论与实践模式研究［M］．长春：吉林人民出版社，2019.

［7］邓娟娟．日语教学与应用思维创新探索［M］．哈尔滨：哈尔滨出版社，2020.

［8］丁尚虎，赵宏杰．社会语言学与日语教学研究［M］．上海：上海交通大学出版社，2019.

［9］董春芹．跨文化视域下的日语教学研究［M］．长春：吉林人民出版社，2019.

［10］董杰．日语语境与互动教学［M］．北京：现代出版社，2020.

［11］董奎玲，孙瑞雪，杨宇．日语思维与教学研究［M］．北京：新华出版社，2014.

［12］董艳燕．日语教学理论与实践研究［M］．成都：四川大学出版社，2018.

［13］杜艳．日语教学中跨文化交际能力的培养［J］．年轻人，2019（23）.

［14］方静，吴翠平，杨景．大学日语教学研究［M］．长春：吉林出版集团股

份有限公司，2020.

[15] 冯莉．翻转课堂趋势下的日语互动教学研究［M］．北京：北京工业大学出版社，2019.

[16] 冯立华．网络日语教学实践平台构建的理论研究［J］．教育艺术，2016（11）.

[17] 关春园，徐宏亮．多元化视角下的日语研究［M］．北京：新华出版社，2015.

[18] 郭莉莉，王玉秀．跨文化交际视角下日语翻译教学研究［J］．海外文摘（学术版），2021（1）.

[19] 郭晓雪．互联网+时代的日语教学模式探究［M］．北京：北京工业大学出版社，2019.

[20] 郭晓雪．日语教学与学生交际能力培养［M］．哈尔滨：东北林业大学出版社，2019.

[21] 吉晖．语言活动理论与设计实例［M］．武汉：武汉大学出版社，2019.

[22] 姜述锋．文化视角的日语教学研究［M］．长春：吉林出版集团股份有限公司，2020.

[23] 姜毓锋．基于多模态话语理论的外语教学模式构建［M］．北京：北京理工大学出版社，2015.

[24] 金春燕．混合式教学在日语教学中的应用［J］．辽宁师专学报（社会科学版），2022（1）.

[25] 金冬梅，朱麟奇．大数据背景下大学日语混合式教学模式探索［J］．长江丛刊，2020（35）.

[26] 金海燕，申福贞，崔明爱．日语语境与互动教学［M］．北京：现代出版社，2017.

[27] 金华．日语语法基础知识与教学研究［M］．广州：华南理工大学出版社，2017.

[28] 金兰兰．基于MOOC的日语翻转课堂教学模式构建［J］．产业与科技论坛，2018，17（16）.

[29] 况云筑．日语教学与思维创新［M］．北京：光明日报出版社，2016.

[30] 兰智妮．日语教学理论透视及其实践模式［M］．长春：吉林文史出版社，2020.

［31］雷笑云．日语教学中跨文化交际能力培养［M］．连云港：江苏凤凰美术出版社，2019.

［32］李冬翠，李伯飞．基于 SPOC 的高级日语混合式教学模式研究［J］．大学教育，2020（9）.

［33］李逢庆．混合式教学的理论基础与教学设计［J］．现代教育技术，2016（9）.

［34］李明姬．日语教学与思维创新研究［M］．成都：西南交通大学出版社，2017.

［35］李晓丹．跨文化语境下日语教学研究［M］．成都：成都时代出版社，2020.

［36］李星．日语文化教学研究［M］．北京：北京工业大学出版社，2020.

［37］李秀红．日语语言应用与教学研究［M］．太原：山西经济出版社，2014.

［38］栗园园．日语思维与教学研究［M］．长春：吉林文史出版社，2017.

［39］林晓卿，刘会丽．日语教学与课堂互动［M］．哈尔滨：哈尔滨地图出版社，2018.

［40］林银花．外语教学中混合式教学模式的应用研究［J］．文教资料，2017（22）.

［41］刘昶．日本文化与日语教学研究［M］．长春：吉林出版集团股份有限公司，2020.

［42］刘霏．混合式教学模式在日语试听说教学中的应用研究［J］．侨园，2020（3）.

［43］刘靖．多模态外语课堂学习者多元能力发展研究［M］．济南：山东大学出版社，2018.

［44］刘晓琳．多模态叙事语篇研究［M］．哈尔滨：哈尔滨工程大学出版社，2015.

［45］刘星，王茜，赵秀云．日语教学与文化融合［M］．哈尔滨：哈尔滨地图出版社，2018.

［46］刘煜，刘晓航，耿巍巍．日语思维与教学研究［M］．延吉：延边大学出版社，2018.

［47］马姝婷．多元化视角下的日语教学研究［M］．长春：吉林出版集团股份有限公司，2020.

［48］宁雅南．微时代背景下外语教学整合研究［M］．北京：光明日报出版社，2017．

［49］宁雅南．文化视角的日语教学研究［M］．武汉：湖北科学技术出版社，2016．

［50］潘娜，赵原．日语教学理论与实践研究［M］．西安：西安交通大学出版社，2016．

［51］彭蕾．"互联网+教育"背景下高校日语混合式课程教学探究［J］．智库时代，2021（9）．

［52］朴春花．基于慕课的混合式教学模式在《基础日语》课程中的应用［J］．课程教育研究，2017（20）．

［53］邱鸣，杨玲，周洁．日语翻译教学理论与实践模式研究［M］．北京：中国传媒大学出版社，2015．

［54］冉新义．混合式学习的理论与应用研究［M］．厦门：厦门大学出版社，2018．

［55］沈海丽．日语专业学生跨文化交际能力的培育［J］．产业与科技论坛，2018，17（6）．

［56］宋艳军，彭远，凡素平．全球化语境下的日语文化教学研究［M］．青岛：中国海洋大学出版社，2019．

［57］宿久高．日语教学与日本文化［M］．长春：吉林出版集团有限责任公司，2015．

［58］唐磊．日语教学论［M］．南宁：广西教育出版社，2019．

［59］田海龙，潘艳艳．多模态话语分析［M］．北京：北京航空航天大学出版社，2019．

［60］王冲．日语教师课堂教学与自我发展研究［M］．上海：上海交通大学出版社，2015．

［61］王洪林，钟守满．中国外语教学改革前瞻：从微课到慕课再到翻转课堂［J］．外语电化教学，2017（1）．

［62］王金旭，朱正伟，李茂国．混合式教学模式：内涵、意义与实施要求［J］．高等建筑教育，2018（4）．

［63］王露．日语教学中跨文化交际能力的培养［J］．西部素质教育，2018，4（10）．

［64］王宁．日语教学策略与创新思维探究［M］．北京：北京工业大学出版
社，2019.

［65］王琪．日语教学理论及策略［M］．北京：外语教学与研究出版社，2017.

［66］王闰梅，王晓刚．日语教学与文化导入研究［M］．延吉：延边大学出版
社，2019.

［67］王铁桥．大学日语教学研究［M］．北京：北京语言大学出版社，2017.

［68］王文静．中国教学模式改革的实践探索——"学为导向"综合型课堂教
学模式［J］．北京师范大学学报：社会科学版，2012（1）.

［69］王晓莹．日语教育教学研究［M］．连云港：江苏凤凰美术出版社，2018.

［70］王学鹏．跨文化交际背景下如何提高日语口语教学［J］．散文百家（理
论），2020（10）.

［71］王雅楠．基于雨课堂的高级日语课程混合式教学模式探索［J］．科学咨
询，2019（7）.

［72］修刚．转型期的中国高校日语专业教育的几点思考［J］．日语学习与研
究，2011（4）.

［73］徐娜．文化语言学与日语教学研究［M］．青岛：中国海洋大学出版
社，2016.

［74］许蓓蓓．大数据背景下日语混合式教学模式探索与研究［J］．文化创新比
较研究，2019（31）.

［75］杨晨曦．新时期日语教学理论与实践探究［M］．长春：吉林出版集团股
份有限公司，2019.

［76］杨峻．日语教学理论与实践概述［M］．北京：外文出版社，2014.

［77］杨小虎，张文鹏．元认知与外语阅读理解［J］．中国矿业大学学报（社会
科学版），2001（3）.

［78］张德禄．多模态与外语教育研究［M］．上海：同济大学出版社，2018.

［79］张果．文化视角下的日语教学研究［M］．北京：北京燕山出版社，2017.

［80］张敬辉，张莉．日本文化背景下的日语教学［M］．北京：北京工业大学
出版社，2019.

［81］张佩霞，王诗荣．多元化视角下的日语教学与研究［M］．上海：华东理
工大学出版社，2009.

［82］张蓉蓉．日语教学中跨文化交际能力培养策略［J］．丝路视野，2017

（2）.

［83］张思凡．高校日语教学中跨文化交际能力的培养策略［J］．文学教育
（下），2018（12）.

［84］张玉婕．混合式教学模式在日语课堂中的应用研究［J］．发明与创新（职
业教育），2019（4）.

［85］赵娟．多元视角下的日语教学研究［M］．哈尔滨：哈尔滨工业大学出版
社，2019.

［86］郑锦燕，赵辉．日语教学与语境互动研究［M］．北京：光明日报出版
社，2016.